Dans ma peau

Isabel Curadeau

Dans ma peau

LES ÉDITIONS
PUBLISTAR
Une compagnie de Quebecor Media

Catalogage avant publication de Bibliothèque et Archives nationales du Québec et Bibliothèque et Archives Canada

Curadeau, Isabel

Dans ma peau
ISBN 978-2-89562-331-1
1. Perte de poids. 2. Alimentation - Aspect psychologique.
3. Régimes amaigrissants. 4. Curadeau, Isabel. I. Titre.

RM222.2.C87 2009   613.2'5   C2009-941158-X

Édition : Martin Bélanger
Révision linguistique : Annie Goulet
Correction d'épreuves : Marie-Ève Gélinas
Couverture et grille graphique intérieure : Chantal Boyer
Mise en pages : Hamid Aittouares
Photo de l'auteure : Groupe Librex

Remerciements
Les Éditions Publistar reconnaissent l'aide financière du gouvernement du Canada par l'entremise du Programme d'aide au développement de l'industrie de l'édition (PADIÉ) pour ses activités d'édition. Gouvernement du Québec – Programme de crédit d'impôt pour l'édition de livres – gestion SODEC.

Les Éditions Publistar
Groupe Librex inc.
Une compagnie de Quebecor Media
La Tourelle
1055, boul. René-Lévesque Est
Bureau 800
Montréal (Québec) H2L 4S5
Tél. : 514 849-5259
Téléc. : 514 849-1388
www.edpublistar.com

Dépôt légal – Bibliothèque et Archives nationales du Québec et Bibliothèque et Archives Canada, 2009

ISBN 978-2-89562-331-1

Distribution au Canada
Messageries ADP
2315, rue de la Province
Longueuil (Québec) J4G 1G4
Tél. : 450 640-1234
Sans frais : 1 800 771-3022
www.messageries-adp.com

Diffusion hors Canada
Interforum
Immeuble Paryseine
3, allée de la Seine
F-94854 Ivry-sur-Seine Cedex
Tél. : 33 (0)1 49 59 10 10
www.interforum.fr

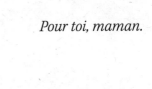

Pour toi, maman.

Introduction

Je suis assise dans une limousine noire, et la grandiose New York se déploie devant mes yeux émerveillés. Je me colle le nez à la vitre, avide : je ne veux manquer aucun détail, aucune image, aucun visage. J'ai toujours voulu voir New York. Un étrange sentiment de peur m'habite – je suis littéralement tétanisée –, mais en même temps j'ai très hâte de descendre de la voiture. Car bien que la limousine soit immense, je tiens mes genoux serrés l'un contre l'autre, je n'ose pas bouger. Le chauffeur, après m'avoir poliment demandé ma préférence entre la radio, un échange de banalités ou le silence, tente inlassablement de syntoniser une trame sonore adéquate. Il porte finalement son choix sur une station diffusant *Under Pressure* de Queen et David Bowie. Un choix judicieux.

Car au moment où j'entends les premières notes de la chanson, mon cœur se serre, mon esprit cesse de tourbillonner, et la musique prend tout le temps de dessiner dans ma mémoire le contour des gratte-ciel, un tracé que je n'ai jamais oublié depuis.

Je suis à New York !

Mon chauffeur, un Arabe débonnaire dans la soixantaine, me fait prendre conscience que jamais de ma vie entière je ne conduirai de voiture à NYC. Moi qui croyais qu'on conduisait comme des fous à Montréal. C'est épouvantable, tout ce monde dans les rues congestionnées, passant d'une voie à l'autre, klaxonnant à toute occasion, ruminant et fulminant. Je me cramponne littéralement au siège! Moi qui suis le genre de fille à adorer une balade à toute vitesse en VTT à travers les bois!

N'empêche que, au bout d'une vingtaine de minutes palpitantes, mon habile chauffeur me dépose, saine et sauve, à la porte d'un superbe hôtel dans Manhattan. Je le remercie infiniment, encore légèrement tremblotante, je ramasse ma valise et, après m'être ridiculement démenée pour passer les portes pivotantes, je pénètre finalement dans le lobby. Des plafonds drapés de velours rouge, du marbre et de l'or partout, des meubles d'un style européen somptueux... La chambre ne contredit pas mon émerveillement initial : elle est monumentale et dotée d'un lit gigantesque sur lequel je saute comme une gamine pendant quelques secondes. Je trouve sur la table de chevet un panier de fruits frais, des chocolats, des fleurs... Un intrigant mur pivotant plaqué de bois face au lit camoufle une télévision qui me permettrait de regarder des dizaines et des dizaines de chaînes spécialisées. Et un récamier près de la fenêtre m'invite à m'installer confortablement pour observer la ville.

Il est déjà tard mais, comme je suis affamée, je pars à pied dans *downtown* Manhattan, question de trouver quelque chose à me mettre sous la dent. Il me semble que Manhattan ressemble à Montréal. En plus gris, peut-être, en moins beau. Les gens ne me regardent pas dans les yeux. Même pas les hommes. Le vent est froid et ma petite veste bleue ne m'en protège pas adéquatement. J'ai faim. J'atterris finalement dans une franchise de Subway, où l'on me sert un sandwich rempli de viandes avariées (ce n'est pas une blague). Je rentre à l'hôtel complètement transie de froid, dégoûtée par mon repas, mais néanmoins séduite par cette ville que j'aime un peu déjà.

Il est passé dix heures quand une magnifique jeune femme se présente à ma porte. Vicky, une ancienne top-modèle ; elle est là pour mon bronzage.

— Je dois me mettre à nu devant toi ?

— Oui, mais ne t'en fais pas, c'est mon boulot, je suis habituée... Et tu n'as pas à rougir : tu es tellement belle ! Tu ressembles à Penélope Cruz. Je le sais car je suis sa maquilleuse à New York. J'étais d'ailleurs avec elle il y a à peine quelques heures.

— Tu étais en train de faire le bronzage du corps nu de Penélope Cruz il y a quelques heures, et maintenant tu vas faire le mien ?

— C'est ça.

— Alors attends de me voir nue avant de dire que je lui ressemble !

Vicky hésite un peu, puis éclate d'un rire franc.

Nous rions ensemble tout du long et, bien que je déteste me dénuder devant une parfaite étrangère (qui maquille chaque centimètre de mon corps !), je parviens à me détendre, et le résultat est super. Après la séance, nous discutons, debout dans le petit salon de ma suite, moi en mini sous-vêtement et toute collante de maquillage, elle, superbe et... habillée.

Mais vous savez quoi ? Ça fait du bien. Ça fait du bien d'affronter ses peurs, de repousser ses limites, de baisser la garde, pour une fois. Et surtout, ça fait du bien que quelqu'un d'aussi sublime que Vicky me dise :

— Tu as vraiment un beau corps pour une fille qui a perdu autant de poids. Ça ne se voit pas du tout.

Malgré ces mots rassurants, je dors mal. La fébrilité, sans doute. Et comme Vicky m'a recommandé de ne laver l'autobronzant qu'au matin, j'ai dû garder mon maquillage tout collant sous les draps. Après quelques heures de sommeil à peine, j'ouvre les yeux et je souris, prête à vivre cette journée qui s'annonce exceptionnelle. En repoussant mes draps soyeux, j'aperçois mes mains... Oh, quelle horreur! J'ai des taches orange partout, le maquillage s'est tout répandu! Je m'extirpe du lit, affolée, en me tortillant pour ne pas empirer ce gâchis – peine perdue –, et je crois que mon cœur va s'arrêter de battre quand je me rends compte que les oreillers et les draps sont complètement maculés d'autobronzant. Je cours aux toilettes, retenant mon souffle, craignant ce que je vais trouver dans le miroir: une femme léopard toute marquée, pleine de *spots* orange sur le corps. Mais, miracle: tout est parfait! Le bronzage est réparti uniformément sur ma peau. Je saute dans la douche, impatiente de confirmer ce résultat. Je ne suis pas déçue. Je m'éponge et me précipite sur mes valises pour me préparer. Car on m'annonce que la limousine m'attend.

Je me souviens qu'à mon retour de la séance photo, je me suis contemplée dans l'immense miroir près du lit, dans ma chambre d'hôtel. J'ai souri d'abord, puis gloussé de plaisir. Je venais de vivre une expérience qui allait changer ma vie. Je le savais, je le sentais. C'était déjà commencé. Je venais d'affronter la pire de mes craintes. Je m'étais mise à nu devant une bonne vingtaine d'étrangers. Moi, Isabel Curadeau, l'ancienne obèse, je venais de m'adonner à une séance de photos en bikini pour l'un des magazines les plus vendus en Amérique. Moi, la fille qui, il n'y avait pas si longtemps, se déshabillait dans le noir pour éviter de se voir dans la glace. La fille qui ne s'est jamais changée devant qui que ce soit, ni au gym, ni à l'école, ni à la piscine.

Cette fille-là, aujourd'hui, venait de poser en bikini devant des photographes new-yorkais.

Étendue sur le récamier, je regarde New York. J'ai la tête pleine de rêves, mes pensées m'étourdissent et me grisent. Je dois reprendre l'avion dans quelques heures. À peine ai-je le temps de me promener un peu dans Manhattan, de prendre quelques photos et de discuter politique canado-américaine avec un séduisant porteur de bagages haïtien. Puis ma limousine arrive ; je suis en route pour l'aéroport.

En voyant New York défiler à nouveau par les vitres, je me fais une promesse : je serai de retour. New York et moi, nous nous reverrons. Et quand je décide quelque chose, j'y parviens.

Au zoo à l'âge de quatre ans avec mes cousines
Linda et Chantal. J'ai toujours adoré les animaux
(collection personnelle de l'auteure).

1

— Maman, pourquoi est-ce que je suis la seule à être grosse dans la famille ?

Ma mère, une magnifique femme svelte au teint olivâtre, a cessé pour un instant ses mots croisés et s'est tournée vers moi :

— Ton père a des gènes d'embonpoint, tu sais bien que ses sœurs sont toutes un peu dodues.

— Mais pourquoi moi et pas David ?

Mon frère aîné, mon véritable partenaire d'enfance, avait la chance d'être mince, voire maigrichon. Il l'est resté jusqu'à ce qu'il se mette à l'entraînement physique, vers les seize ans, âge à partir duquel il est devenu très musclé.

Ma mère a soupiré, caressé notre énorme chat du bout des orteils, puis m'a regardée à nouveau.

— Malheureusement, l'embonpoint touche plus les filles que les garçons.

Insatisfaite de cette réponse, je me suis mollement laissée tomber sur le divan gris, le regard perdu au-dehors. Ma mère a posé ses livres.

— Tu veux qu'on aille prendre une marche ?

Devant la maison de mes parents, en Abitibi, se trouve un chemin de gravier qui rejoint en deux intersections la route principale. C'était là que nous marchions. Derrière la maison se trouvait un grand terrain de sable blanc, témoin de centaines de feux de camp et de mini-villages de châteaux de sable. Nous y jouions des journées entières, et rentrions toujours très sales, les pieds noirs et la chevelure granuleuse. Derrière le terrain commençait une forêt de pins gris, majoritairement brûlés par les écarts de température extrêmes. La forêt était percée de lacs innombrables et de sentiers pour le vélo et le ski de fond. L'explorer fut un véritable plaisir au fil des années.

Nous venions juste d'emménager, j'avais six ans. Par une chaude soirée d'août, une dizaine d'amis et de membres de la famille s'étaient entassés sur deux véhicules tout-terrain, et nous avions découvert une dune de sable de peut-être un kilomètre carré, couverte de petits lacs étincelants, de fleurs et de buissons. Excités, nous nous étions arrêtés pour plonger à l'eau, nos vêtements encore sur le dos. Je me souviens d'avoir nagé près d'un castor cette soirée-là. Plus tard, durant mon adolescence, la dune est devenue un endroit de prédilection pour mes après-midi de bronzage en solitaire. Ce magnifique endroit secret existe toujours. Mais le réchauffement de la planète fait en sorte que les lacs sont à sec dès le début de juillet.

Mes parents travaillaient dans le domaine de la foresterie. Mon père, un homme sociable et amusant, amoureux fou de la nature et de la chasse, nous a enseigné à mes frères et moi l'importance de protéger les ressources naturelles, l'environnement. Nous avions un jardin rempli de légumes délicieux, nous aimions planter des arbres, des fleurs, et en prendre soin. Papa nous emmenait aussi dans ses camps de bûcheron et de chasse le plus souvent possible, afin de partager avec nous sa plus grande passion : la forêt. Très jeune, j'ai appris de lui la chasse à la perdrix, la construction de camps, la survie en forêt. Je connais les plantes, les arbres et les animaux. Nous avions toujours un ou deux chiens, le plus souvent des bergers allemands. Nous avions également une chatte tigrée d'Espagne, toujours vivante aujourd'hui. Obèse et âgée de presque vingt ans, Linxie est toujours aussi paresseuse et a toujours aussi mauvais caractère. Plus tard, des poulets et des dindes se sont ajoutés à notre ménagerie, nous fournissant des repas délicieux.

Ma mère s'appelait Susan. Elle était si belle! Je ne manque jamais de faire l'éloge de sa beauté. Et si vous l'aviez connue, vous feriez de même. Ma mère était vive comme une flamme, aimait la vie, était toujours en mouvement, et montrait de l'enthousiasme à tout propos. Projet après projet, idées, rêves et ambitions renouvelés, elle n'arrêtait jamais, ne s'essoufflait jamais. Passée maître dans l'art d'organiser des événements, elle a été tour à tour, et parfois en même temps, directrice d'un comité de loisirs, organisatrice officielle de bazars, coordonnatrice de compétitions d'hommes forts, de tournois sportifs régionaux, de spectacles de musique, de soupers bénéfice... Encourageant fortement la recherche contre le cancer, ma mère se donnait corps et âme pour les campagnes de financement. La recherche sur la paralysie cérébrale ainsi que la Maison du Bouleau Blanc d'Amos – maison près de l'eau qui accueille et accompagne les gens souffrant d'une maladie mortelle en phase terminale – faisaient aussi partie des causes qu'elle supportait. Ma mère était une passionnée de culture, d'histoire et d'architecture. Elle rêvait de voyages mais, pour se distraire, elle lisait ou faisait des mots croisés, un fidèle dictionnaire à ses côtés. Elle m'a appris à lire et à écrire lorsque j'étais encore toute jeune. Elle éveillait mon esprit à la passion des mots en me lisant toutes sortes de choses avant d'aller au lit, des recettes aux histoires bibliques, ou encore en improvisant des mini-dictées surprises, à la table de la cuisine, pendant qu'elle préparait le souper.

J'avais à peine sept ans lorsque ma mère, qui était retournée tardivement étudier la biologie humaine, me demanda de l'aider à préparer un examen en lui lisant les questions, afin de m'initier à un vocabulaire scientifique compliqué, et à la biologie humaine, matière qui est aujourd'hui une de mes passions et qui, de plus, a guidé mon jeune frère vers des études en sciences. Nous étions allongées sur mon lit, sa chevelure longue et bouclée – elle ne le serait plus pour longtemps, mais j'y reviendrai – était étendue en une vague douce sur mon oreiller, et nous parcourions un nouveau manuel de biologie lorsque, ingénue, je lui posai cette question embarrassante :

— Maman, c'est quoi des spermato... zoïdes ?

Je me souviendrai toujours de son expression confuse !

J'ai deux frères. Ils sont amusants, curieux et passionnés. Nous avons toujours été proches, protecteurs les uns envers les autres, et fiers les uns des autres. L'un travaille dans les mines, a de magnifiques yeux turquoise, adore le plein air et est le papa du plus beau petit garçon au monde. L'autre est étudiant, a comme moi un esprit analytique et une insatiable curiosité, adore le cinéma et possède une impressionnante chevelure bouclée en serpentins.

La famille de ma mère compte vingt-sept enfants de ma génération. Nous sommes donc vingt-sept cousins et cousines qui nous connaissons tous, qui avons grandi ensemble en Abitibi, étant voisins pour la plupart. Nous sommes très liés et, encore aujourd'hui, Linda, Rachel, Chantal et moi nous fréquentons, sortons et voyageons ensemble. Plusieurs de ces cousins habitent aujourd'hui Montréal ou la région d'Ottawa. L'un d'entre eux est comptable, un autre psychologue, il y a un homme d'affaires, un avocat, et même un capitaine dans l'armée de l'air. Près de la moitié sont parents, ce qui a ajouté, en moins de onze ans, vingt-cinq petits-cousins et petites-cousines à notre grande famille, et une autre vingtaine très probablement est à venir. Nos *parties* de Noël sont donc bruyants, c'est le moins qu'on puisse dire.

Et toutes ces belles personnes avec qui je partage une proportion raisonnable de gènes, comment sont-ils ? Minces ! Tous. Sans exception. Certains ont pris quelques kilos en vieillissant ou en ayant des enfants, certes, mais est-ce que ça compte ?

Parmi eux, j'étais réellement la seule enfant qui était potelée. Et je le savais. J'étais la toutoune de la famille, parce que je tenais davantage du côté de mon père. Ah, mais il est bel homme, mon père. Il a les yeux de la couleur de sa passion, un vert forêt profond, et des bras forts comme des troncs d'arbres ; il a un visage souriant et une bonne humeur contagieuse qui l'ont toujours rendu très populaire. Mais sa famille entière souffre d'embonpoint, et certains carrément d'obésité morbide. Leur imposante constitution en général comporte des avantages : ils sont naturellement forts et musclés, et personne n'est jamais malade. Ils sont enjoués et chaleureux, bruyants et joyeux, et j'ai heureusement hérité de ces qualités également. Mes ancêtres paternels auraient été des pirates espagnols, et leurs gènes de survie et de combativité vibrent encore dans nos cellules. Mais moi, j'étais grosse.

J'ai compris ma différence très tôt. Du plus loin que je me rappelle, j'ai toujours voulu être autre. Je détestais quand on me pinçait, même affectueusement, les joues ou les cuisses. Déjà très jeune, j'avais honte de mon apparence, et ce bien avant que la société se charge à son tour de me donner des complexes. Bien avant les commentaires, les railleries et les injures. Bien avant les régimes, la cellulite et les combats. La toute petite fille que j'étais, déjà très perspicace – ou familière par héritage génétique à la honte d'être imparfaite –, avait saisi que cette différence physique serait un handicap. Très jeune, donc, j'apprenais malgré moi à me battre contre ce que j'étais par nature. Et malgré tout l'amour de ma famille, malgré les amis et la candeur de ma jeunesse, je savais. Je savais que ç'allait être difficile.

Le docteur avait dit à ma mère que je ne serais jamais mince.

2

J'ai commencé l'école en septembre 1988. Ma mère m'avait acheté un manteau et un petit bonnet rouge en velours côtelé pour l'occasion. À cette époque, mon embonpoint s'avouait par mon visage bien rond, et des bras et des cuisses potelés. Ce n'était rien d'alarmant, c'était encore mignon, on me trouvait très jolie, on me surnommait la « petite catin » – et ce évidemment sans sous-entendu scabreux. Mes premiers jours d'école ne furent donc pas un traumatisme qui me hanterait encore. Bien au contraire. Mes professeurs et mes camarades m'ont adoptée bien rapidement et, même si je n'ai pas beaucoup de souvenirs précis de cette époque, une atmosphère de jeux et de rires s'en dégage.

J'ai immédiatement aimé l'école primaire. Mes résultats scolaires étaient excellents, les professeurs m'aimaient et j'avais beaucoup d'amies, que je revois d'ailleurs avec plaisir régulièrement, vingt ans plus tard. Parmi elles, il n'y avait qu'une seule autre petite fille qui souffrait d'embonpoint. Évidemment, Martine était particulièrement importante et chère à mes yeux. Sa présence auprès de moi aidait beaucoup à faire en sorte que je me sente acceptée ; nous étions semblables, nous n'étions pas seules. Comme deux négatifs qui s'annulent, nos petits défauts disparaissaient magiquement lorsque nous nous trouvions ensemble. Nous n'étions que deux petites filles qui s'amusaient, comme les autres. Comme sa maison était située juste en face notre école, je lunchais régulièrement chez elle au cours de mes études primaires. Le délicieux pâté chinois de sa mère me laisse des souvenirs inaltérables. C'était la belle époque.

Mais quelque chose ternissait le paysage de mes jours heureux à l'école : les cours d'éducation physique. Vous vous en doutez : je n'ai jamais aimé le sport. Jamais au cours de mon enfance n'ai-je proposé à mes amis une activité sportive. J'ai toujours profondément détesté la compétition, peut-être parce que je savais que, sans mauvais jeu de mots, je n'étais pas de taille... Je me sentais ridicule de courir dans tous les sens après un ballon, surtout que, de toute façon, même si je parvenais parfois à l'attraper, les chances qu'il atteigne le but restaient minces. Ainsi, tout ce qui se rattachait à ce cours – l'odeur de caoutchouc du gymnase, les professeurs, que je jugeais froids et distants, les bruits retentissants des chaussures de sport sur un terrain de basket-ball – me donnait des boutons. Mais plus que tout j'abhorrais le sentiment d'obligation lié à ces cours, où j'étais forcée de bouger et de suer, ce qui faisait gigoter le gras de mon ventre et de mes cuisses.

J'étais grande et pesante. Difficile à croire puisqu'on me considère avec raison petite aujourd'hui, mais lorsque j'étais enfant, j'étais aussi grande et encore plus lourde que les garçons de ma classe. Quelle honte ! Malgré tout, j'ai toujours été très féminine, et ce même au sein du monde masculin dans lequel j'ai été élevée. Les kilos en trop ne réussissaient tout de même pas à camoufler la petite princesse que j'étais à l'intérieur. Je faisais déjà très attention à mon apparence, et j'espérais ainsi séduire les garçons que je trouvais de mon goût.

Quel choc quand, durant une partie de basket-ball à l'école, j'eus un face-à-face avec le garçon le plus mignon de ma classe : c'est lui qui tomba sur le sol pendant que moi, je me tenais toujours debout, massive et solide, en le dévisageant. Voilà ce dont était capable la princesse taille forte que j'étais. La honte !

Néanmoins, j'ai eu mon premier petit ami à l'âge de sept ans. Il avait quatre ans de plus que moi et le teint basané. Je filais avec lui le parfait bonheur. Nous nous écrivions des lettres d'amour qui, si naïves qu'elles paraîtraient aujourd'hui, me semblaient passionnées et très sérieuses à l'époque. Évidemment, mes parents n'étaient pas au courant de cette précoce amourette, et il me fallait prendre bien soin de ne pas en laisser d'indices. Je ne sais pas si je me refusais inconsciemment à mentir à ma mère, ou si j'avais simplement mal évalué l'efficacité de mes stratégies pour tromper sa vigilance. Reste qu'une lettre d'amour que j'avais soigneusement cachée... sur le comptoir de la cuisine entre deux boîtes de biscuits (!) fut découverte par elle un bon matin. Ma mère, douce mais intraitable, me força à rompre – notre idylle ne durait que depuis quelques petites semaines –, m'expliquant que j'étais encore trop jeune pour avoir un amoureux, mais me promettant d'avance soutien et conseils pour quand je serais en âge d'en avoir un.

— C'est quel âge, ça, maman ?

Ma mère, comme à l'épisode du manuel de science, ouvrit grand ses yeux noirs, soupira et hésita un moment avant de répondre :

— Bien... disons que tu pourras commencer à penser aux garçons quand tu entreras à l'école secondaire, donc vers douze ou treize ans...

Ça n'était pas tombé dans l'oreille d'une sourde.

En attendant, je me suis mise à la natation. J'ai toujours aimé l'eau, j'adorais nager, et j'étais très douée. Mais les cours, c'était autre chose. Surtout quelques années plus tard lorsque, à onze ans, j'étais devenue si douée qu'on m'avait fait intégrer un groupe plus avancé. Mes camarades avaient toutes quinze ou seize ans. Des filles plus âgées que moi, minces et belles, alors que moi, encore une gamine, j'avais déjà de la cellulite sur les cuisses... Ça m'a donné une véritable claque au visage.

Ma mère, qui venait régulièrement me voir nager, me demanda un jour :

— Pourquoi est-ce que tu caches tes cuisses avec tes mains quand tu marches autour de la piscine ?

Avait-elle vraiment besoin d'entendre ma réponse ? En tout cas, je ne la lui ai jamais fournie. Quelques semaines plus tard, j'abandonnais mes cours de natation, à la grande déception de mes parents. J'ai bien promis de les terminer plus tard, mais je ne l'ai jamais fait. Pourtant, j'aurais bien aimé accomplir cela, accumuler les rubans multicolores jusqu'à posséder la collection complète et afficher fièrement mon certificat d'entraîneuse. Il m'en restait si peu à faire pour y arriver... Mais ma peur, mes complexes, ma honte m'en ont empêchée.

L'épisode des cours de natation est symptomatique de ce que je ressentais par rapport à mon corps tout au long de mon enfance : j'étais en avance sur les autres, et ça n'était pas normal. La différence est un cadeau du ciel, mais cette différence-là, c'était une calamité. Être une enfant dans un corps de femme, c'est horrible, et ça brouille tout. Je n'ai pas un seul souvenir de moi en fillette gracile et innocente. Aussi loin que je me souvienne, j'ai porté des soutiens-gorge. Je suis devenue consciente très jeune de mes courbes féminines, et très jeune je me suis attardée à les cacher. J'avais des complexes à propos de mes cuisses larges, de mes bras mous, de mon visage trop rond, et je savais que ça n'était pas de mon âge. Ma coquetterie et ma féminité, des qualités autrement, se transformaient en une conscience un peu trop aiguë de mes attraits et de mon développement. Je m'inventais des tactiques pour me montrer tout en me dissimulant. Il me fallait doser mon intérêt pour les garçons, car mon corps entier se sexuait avant l'âge normal.

Mais je ne pouvais tout de même pas freiner mon cœur. J'ai eu mon premier « presque sérieux » petit ami à l'âge de onze ans (ma mère, bien que j'aie respecté à la lettre ses prescriptions, n'était pas très contente). Il était nouveau à l'école, avait des taches de rousseur et des cheveux blonds ébouriffés. Il était immédiatement devenu très populaire ; toutes les filles, et des plus jolies, étaient amoureuses de lui. Toutefois, comme la vie se charge parfois de rétablir un peu l'équilibre des choses, le nouveau ne voulait rien savoir d'elles. Non, c'était moi qu'il trouvait belle. Mon humour lui plaisait, avait-il confié à ma meilleure amie de l'époque. Et il aimait mes yeux ! L'été de mes onze ans a donc été merveilleux.

C'était le 24 juin 1994, le lendemain de la fin des classes. Nous nous fréquentions depuis presque six semaines. Nous marchions main dans la main, nous nous lancions des coups d'œil furtifs, il me caressait tendrement les cheveux. À quelques reprises, on en avait parlé. À quelques reprises, il s'y était essayé. Mais ce fut cet après-midi-là que ce moment magique arriva.

J'avais chaussé mes espadrilles et sauté sur mon vélo pour me rendre de peine et de misère au village voisin. Ce qui prend normalement vingt minutes à mon frère me prit une bonne heure. J'étais en sueur et j'avais les jambes mortes. Mais peu importait, car j'allais rejoindre mon amoureux. Il faisait incroyablement beau et chaud.

Au terrain de baseball où nous avions rendez-vous, tous nos amis étaient là aussi. Excités comme des puces, ils nous pressèrent de nous embrasser. Sur la bouche, évidemment. Et avec la langue, en plus. Après avoir protesté que jamais je ne ferais «ça» en public, je proposai un compromis:

— Laissez-nous seuls et on le fera.

Ils disparurent en rigolant et en se bousculant, abandonnant mon copain et moi sur le banc des joueurs. Nous étions rouges de timidité... C'était la première fois pour nous deux. Mais mon petit ami avait eu des conseils précis:

— Tu n'as qu'à poser tes bras sur mes épaules et je mettrai mes mains sur tes hanches. Ensuite, on se donne un bec sur la bouche, puis on sort la langue et on la tourne.

Je m'approchai donc, et j'exécutai, docile, les gestes qu'il venait de décrire... Je n'avais pas prévu la quantité de salive, et il me fallut quelques autres occasions avant de trouver la bonne dose.

Plus tard, chez mon amie Cindy, nos amis s'en donnèrent à cœur joie pour nous taquiner. Mais leurs plaisanteries ne nous empêchèrent pas de danser notre premier slow, au son de *Everything I do*, de Bryan Adams.

Je parcourus le trajet du retour beaucoup plus facilement qu'à l'aller; j'avais le cœur léger. Premiers frissons, premières émotions, premier baiser.

Pendant ces quelques mois de ma vie, j'ai complètement oublié mon corps, mon apparence, mon problème de poids. Car il n'était jamais question de cela avec lui. Je ne me souviens pas qu'il y ait même fait allusion. J'apprenais lentement qu'il suffit parfois de se regarder dans les yeux de quelqu'un qui nous aime pour commencer à guérir.

3

J'avais troqué la natation contre le théâtre, que j'adorais. C'était peut-être l'activité la plus adaptée pour moi : j'apprenais à m'exposer aux regards tout en me cachant sous des costumes. Longtemps j'ai rêvé de devenir une comédienne de Broadway. J'enviais secrètement ces gens qui avaient eu le courage de tout quitter – famille, amis et patrie – afin de réaliser leur rêve de monter sur les planches. Les professeurs me recommandaient de m'inscrire à l'école de théâtre. On me trouvait talentueuse, très à l'aise sur scène et toujours naturelle. J'obtenais chaque fois les premiers rôles dans les pièces montées à l'école, surtout parce que j'avais une voix qui portait jusqu'au fond des salles ! Je connaissais toujours mes textes par cœur, j'étais passionnée et très disciplinée. La première pièce de théâtre à laquelle j'ai participé était une adaptation du célèbre conte – notez l'ironie – des *Trois Petits Cochons*. J'avais à peine quatre ans et j'ai eu la piqûre. Par la suite, j'ai joué dans d'innombrables pièces de théâtre, à l'école, à l'église ou dans des salles de spectacle locales. Plus tard, j'ai écrit et mis en scène mes propres créations, et ce pendant plusieurs années. Nous étions toute une équipe, mais mes plus fidèles partenaires étaient mes cousins Éric et Jonathan. Plus tard, mon jeune frère s'est joint à nous. Non contente de limiter ce talent aux productions scolaires, j'ai également fait du cinéma amateur, joué dans des publicités à la télévision ontarienne et abitibienne, et j'ai même gagné un prix régional de cinéma amateur. En quelque sorte, le théâtre a été pour moi un exutoire.

Malheureusement, c'était aussi une source de crainte infinie et, de peur de faire rire de moi, je n'ai jamais osé m'inscrire dans un vrai programme de théâtre. Bien sûr, je connaissais mon talent, et je n'avais pas de doute sur le fait qu'en apprenant le métier correctement je pourrais devenir comédienne, mais il y avait toujours la possibilité, dans mon esprit, qu'on me rejette à cause de mon obésité, ou pire, qu'on me refuse carrément l'admission.

Car j'engraissais, lentement mais sûrement. Cela m'inquiétait. Occasionnellement, j'allais en cachette essayer les vêtements de ma mère afin de comparer mon corps au sien. Ma mère portait du 28. À neuf ans, je n'entrais déjà plus dans ses pantalons.

Dans la chambre de mes parents se trouvait un grand miroir. J'y passais de très longs moments à me regarder sous toutes mes facettes, à scruter mes formes, à examiner la progression de mes rondeurs. J'étais parfois tellement proche de la glace que mon nez pouvait la toucher ! Je jugeais mon visage, mes traits, mon apparence générale. Et je détestais ce que je voyais. Cependant, jamais je ne partageais mes émotions. Mes escapades dans la chambre parentale sont demeurées secrètes. Je gardais tout à l'intérieur. Encore aujourd'hui, il est très difficile pour mes proches de sonder mon cœur. Il me semble que, souvent, les mots que l'on utilise pour décrire des émotions sont plus effrayants que les émotions elles-mêmes. Alors je préfère me taire et analyser seule les mouvements de mon âme. À l'époque, j'attendais la nuit pour pleurer sous les draps.

Je m'en souviens comme si c'était hier, et la douleur que je ressentais alors est toujours vive. C'était tout simple : je voulais être comme les autres. Je refusais d'accepter ma malchance, celle d'avoir hérité du gène de l'embonpoint de mon père. Je saisissais alors mon ventre de mes mains crispées et je rageais, les yeux pleins de larmes. Je priais, en fermant mes yeux très fort, et je demandais à Dieu de faire en sorte qu'à mon réveil mon corps soit comme celui des autres petites filles. De tristes prières pour une enfant.

Ma mère et moi adorions faire les boutiques ensemble. C'était une activité excitante à laquelle nous nous prêtions toutes les deux avec joie en toute occasion. Mais à partir d'une certaine époque, trouver des vêtements à ma taille dans les boutiques pour enfants était devenu une corvée humiliante, et rarement couronnée de succès.

Un jour où nous étions dans une boutique, une vendeuse s'adressa à ma mère d'une voix forte qui attira l'attention de tous les clients :

— Mon doux, qu'elle est difficile à habiller, votre fille !

Une autre n'eut pas cette délicatesse :

— Si tu étais mince, me dit-elle en se penchant vers moi, voilà le genre de robe que tu pourrais porter.

Tout à fait charmant, comme service à la clientèle !

Du coup, ma tante, une couturière aguerrie, était souvent mandatée pour me confectionner des robes sur mesure pour les occasions spéciales. Comme au Noël de mes huit ans... Ma mère et moi ne trouvions rien qui m'aille bien, alors ma mère avait décidé de prendre les grands moyens. Avec comme résultat que j'ai eu l'air d'une friandise ambulante toute la soirée. Oh, je ne veux pas dire que la robe en soi n'était pas réussie – ma tante avait beaucoup de talent –, mais elle était noire et blanche avec une grosse boucle à la poitrine, et la coupe ne m'avantageait pas du tout. J'irais jusqu'à dire qu'elle me ridiculisait. J'avais l'impression d'être une pouponne dans une robe de baptême, moi qui à cet âge prenais déjà la peine d'appliquer du vernis sur mes ongles et des paillettes dans mes cheveux. Une vraie petite dame! D'un autre côté, les vêtements que je trouvais dans les boutiques pour adultes ne me plaisaient pas du tout. J'étais vraiment entre deux âges. Quel soulagement quand j'ai atteint la puberté, alors qu'il n'était enfin plus embarrassant de magasiner dans la section des femmes.

Le Noël de mes trois ans n'avait pas été plus glorieux, même si je ne portais pas de haute couture. Ma mère m'avait acheté une petite robe bleu et blanc, avec manches bouffantes. J'étais allée avec ma famille à la réunion paroissiale. Je me trouvais dans l'entrée de l'église, près du vestiaire, désireuse d'accéder au plus vite à la garderie de l'église pour aller jouer avec les autres enfants durant la cérémonie, pour laquelle je n'avais évidemment aucun intérêt. Mais cette garderie se trouvait tout au bout de l'interminable allée et, pour m'y rendre, je devrais traverser une mer de monde, des jeunes surtout, qui s'étaient adossés contre les murs en attendant. La plupart de ces personnes m'étaient familières, et je n'avais franchement rien à craindre : aucune d'entre elles n'aurait osé faire des commentaires disgracieux, surtout pas à une enfant de trois ans et demi, surtout pas le soir de Noël! Mais moi, j'étais pétrifiée. Ma mère me dévisageait, peu habituée de me voir gênée, particulièrement dans cet endroit que je connaissais si bien. Elle me poussa même légèrement dans le dos pour m'encourager à avancer. Mais cette robe que je portais, même si elle était probablement plutôt jolie (je ne m'en souviens pas bien), me faisait honte. C'est que les manches étaient trop serrées pour mes bras potelés, et j'avais remarqué qu'elles plissaient ma chair en de petits bourrelets dont j'étais complètement morti-fiée! Si je me souviens mal du style précis de la robe que je portais, je me souviens dans les moindres détails du sentiment de honte qui m'habitait à l'idée de me montrer ainsi, boudinée et rougissante, devant les adolescents impassibles que je devrais croiser pour arriver à la gar-derie. La garderie! Est-ce possible d'avoir honte lorsqu'on a seulement trois ans et d'en porter l'intact souvenir plus de vingt ans après?

Je ne suis pas certaine de savoir où j'ai acquis cette conscience de moi et ce sentiment de gêne par rapport à mon poids. Mais il remonte à si loin qu'il me semble presque inné. Peut-être date-t-il de l'époque où certaines tantes m'encourageaient à sauter à la corde ou à faire des étirements ou de la gymnastique. Elles voulaient sans doute seulement jouer les motivatrices, ou me voir m'amuser, ce qui n'était pas un crime. Mais moi, je savais que certaines postures étaient risibles, que de sauter fai-sait gigoter mes courbes molles. Je me sentais comme un clown, ou le fou du roi qui fait des pitreries pour divertir la galerie. La petite fille que j'étais avait compris qu'elle pouvait faire rire d'elle, et elle vivait avec la peur que ça arrive à tout moment.

Peu de temps après les fêtes de mes huit ans, la classe de neige nous avait conduits dans un centre de plein air, tout près de chez moi. J'avais une bonne expérience du ski de fond et, lorsque je constatai que j'avais oublié mon pantalon de ski, je ne jugeai pas nécessaire d'en avertir les instructeurs ni de demander à retourner chez moi. J'allais skier en jeans, et je n'allais pas tomber. Il faisait beau et la température était douce. Jamais je n'aurais pu prévoir ce qui allait se passer.

Mes cuisses épaisses, pendant que je skiais, se frot-taient l'une contre l'autre et élimaient le tissu de mon pantalon. Au début, je ne m'en rendais pas compte, mais à un moment donné, inévitablement, l'étoffe s'est percée et l'intérieur de mes cuisses a été exposé à l'air.

« Pas de problème, pensai-je. Il ne fait pas si froid que ça... »

Plusieurs minutes passèrent et je cachai avec soin ce petit contretemps. Je m'en tirais assez bien : personne n'avait remarqué quoi que ce soit. Mais je sentais quand même une certaine irritation qui allait s'accentuant. Puis, l'inévitable arriva : je tombai dans la neige collante et humide, et j'en fus tout imbibée. Frigorifiée et dans l'inconfort le plus total (pensais-je), je me relevai et continuai néanmoins ma route ; nous étions encore bien loin du chalet.

Va encore, puisqu'il faisait soleil. Mais à mesure que la journée avançait, la température et le soleil baissaient et, vers trois heures, les grands pins cachaient les derniers rayons qui auraient pu me tenir au chaud. Il fallait accélérer, en plus, parce que le bus nous attendait pour nous ramener à l'école. Alors, la neige qui s'était agrippée aux lambeaux de jeans et qui avait fondu à cause de la chaleur de mon corps se changea en glace. À chaque mouvement, la glace irritait ma peau davantage et limitait ma vélocité. C'était atroce, et tellement douloureux ! Mais je refusais de demander de l'aide. Il m'aurait fallu avouer que mes grosses cuisses avaient à elles seules provoqué ce drame, et j'en étais incapable. Alors, au lieu de mettre fin à ce supplice, je serrai les mâchoires et continuai de plus belle, les yeux pleins d'eau.

À mon arrivée au chalet, je me précipitai aux toilettes. Enfermée dans une cabine, je me penchai sur mes cuisses écartées pour constater les dégâts. C'était bien pire que ce que j'imaginais : la peau exposée au froid avait tourné au violet noirâtre, et des crevasses s'y étaient creusées. Mon cœur cessa de battre et j'éclatai en sanglots. J'ôtai mes jeans et restai ainsi, à demi nue et immobile, pleurant toutes les larmes de mon corps, jusqu'à ce qu'un de mes professeurs s'inquiète de ne pas me voir et vienne me trouver aux toilettes. Honteuse, je daignai finalement lui montrer mes cuisses meurtries.

— Ben voyons, Isabel, qu'est-ce que tu as fait ? fut sa première réaction.

Plus tard, à la maison, mes parents se révoltèrent contre mes profs, qui avaient été assez irresponsables et négligents pour laisser skier leur fille sans pantalon de neige. Mais le mal était fait. Je fus incapable de marcher pendant plusieurs jours, et je passai toutes mes récréations seule, assise sur un banc dans le gymnase.

Ce fut douloureux, si douloureux, physiquement et moralement. Je détestais ces grosses cuisses qui me blessaient. Ce gras qui me faisait mal. Je me détestais tout entière.

4

— Mon doux, Isabel, mais tu as le corps d'une adolescente !
lança avec dédain ma copine après m'avoir surprise torse
nu pendant un essayage de costumes de danse.

J'avais dix ans à l'époque. Habituée désormais à me
défendre contre ces commentaires désobligeants, je lui
répondis du tac au tac :

— En fait, j'ai vu la poitrine d'une de mes cousines
l'autre jour, et je peux te dire qu'elle était beaucoup plus
grosse que la mienne.

C'était la vérité... Sauf que ma cousine avait quinze ans.

Je n'ai jamais cessé d'engraisser, malheureusement,
et j'ai fini par la rattraper. Durant mes années de petite
enfance, c'était un processus long et imperceptible. Tout
juste si on peut le remarquer sur mes photos de famille.
Ce n'est que vers les dix ou onze ans, quand les hormones
s'activent davantage, que mon corps s'est réellement mis
à changer. Le gras que j'avais au niveau du menton et du
ventre pendait. Je me suis rapidement retrouvée avec des
hanches et des fesses très volumineuses. À onze ans, je
portais des pantalons de taille 32, et des soutiens-gorge
de taille 36C. Mes cuisses étaient immenses, mon dos,

large et mou. J'avais un corps de femme, et je n'étais même pas entrée dans la puberté. C'était trop tôt, la vie ne me laissait pas le temps d'être jeune.

Durant cette période, ma peau également a changé. Étonnée de ces mutations, je m'observais encore plus souvent dans le grand miroir, pinçant mes fesses et mes cuisses, soupesant mes bourrelets. La cellulite était apparue d'un seul coup, comme tombe une mauvaise nouvelle. Elle rongeait littéralement mon corps. C'était tellement flagrant qu'un de mes frères m'a un jour demandé de quoi il s'agissait, montrant du doigt mes cuisses découvertes, curieux et intrigué. Gênée, je me suis empressée de lui répondre que c'était un phénomène normal, seulement des trous, quoi, rien de plus commun... Je ne connaissais sincèrement personne de mon âge qui ait des jambes détruites par la cellulite. Mais j'en avais marre d'avouer à tout moment ma différence. J'en étais tellement diminuée et attristée. Plus tard, la cellulite s'est mise à ronger jusqu'à mes hanches et mon ventre, puis mes bras et mes mollets. Je sais que cette calamité touche neuf femmes sur dix. Mais justement, une femme, je n'en étais pas encore une! Avant 2006, je ne garde aucun souvenir d'une peau lisse. Avant 2006, donc, je me suis abstenue de porter des jupes courtes et des shorts. J'avais toujours chaud l'été.

À onze ans, j'étais donc déjà une petite femme. J'étais disons plantureuse, je portais des soutiens-gorge, je me rasais les jambes et les aisselles, j'avais déjà eu mon premier baiser et je me baladais avec une sacoche sur l'épaule! Ce portrait, de nos jours, ne choque personne: bien des gamines de douze ans trimballent un téléphone cellulaire et sont perchées sur des talons hauts. Mais à mon époque, c'était encore chose rare.

J'étais une grande fan de Guillaume Lemay-Thivierge – je le suis toujours, d'ailleurs – et de l'acteur américain Luke Perry : je regardais religieusement *Beverly Hills*

90210. J'étais romantique et sentimentale. Je passais des heures à composer des poèmes vibrants, ou encore à écrire des mini-romans. Je lisais des histoires de peur en cachette ou parlais au téléphone sans arrêt. J'étais toujours dans ma chambre, dont les murs étaient couverts de posters de mes vedettes favorites. On y trouvait une quantité phénoménale de livres, d'ours en peluche et de produits de beauté. J'avais également une immense chaîne stéréo, grâce à laquelle je me délectais à répétition des succès de Bon Jovi et de Roxette.

J'ai signé mon premier roman à l'âge de huit ans! Et au début de ma précoce adolescence, j'en avais déjà écrit une dizaine. L'un d'eux racontait l'histoire farfelue d'un voyage express en Chine pour remplacer un vase cassé. Un autre, celle d'une petite fille joueuse de baseball qui rêve que son équipe remporte le championnat. Dire que je détestais le sport, tout particulièrement le baseball! Mais l'écriture m'ouvrait un autre monde. Tout devenait possible, et je me plaisais à imaginer des choses improbables dans ma propre vie. En racontant l'histoire de personnages fictifs, je vivais en quelque sorte des expériences par procuration. J'écrivais chaque semaine plusieurs heures, et je demandais sans cesse à mes parents de nouvelles feuilles vierges et des crayons. J'écrivais surtout sur mon lit, le soir. Je n'avais pas la prétention d'être écrivaine, ni l'ambition d'en devenir une. Mais bien avant d'avoir mon premier ordinateur et même ma première machine à écrire, je noircissais des pages et des pages, composant poèmes et proses qui, hélas! ont été pour la plupart perdus lors de l'un de mes nombreux déménagements.

Une autre de mes passions, plus coupable celle-là, c'était la nourriture. Je mangeais inconsidérément et avec un plaisir exagéré. Pourtant, les repas en famille n'étaient pas excessifs, et bien qu'à l'époque la gastronomie fusion et les aliments bio n'étaient pas monnaie courante, mes parents nous servaient une nourriture suffisante et relativement saine. Un repas typique à la table familiale était composé d'une entrée de salade et de petits pains fourrés au poulet, suivis d'un plat de viande, accompagné de pommes de terre et de fromage, et d'un verre de lait, de jus ou de boisson gazeuse. On mangeait bien, toujours à notre faim, ce que j'ai toujours considéré comme une chance et un privilège. On avait toujours un vaste choix. Mon père faisait son propre pain, selon une recette de ma grand-mère, et il était terriblement bon. Nous aimions le griller à la *old-fashioned* avec beaucoup de beurre. Il préparait parfois également des oreilles de criss. Tout cela était très gras et très salé, j'en conviens. Mais il était rare toutefois que nous mangions des desserts. Personne n'avait réellement la dent sucrée dans ma famille, et nous nous payions à l'occasion seulement un des fameux petits gâteaux Vachon, ou un biscuit.

Cependant, j'étais beaucoup plus gourmande que les autres et, même si je ne désirais pas de sucre, je me forçais à en manger. Donc j'engloutissais des biscuits aux brisures de chocolat pour dessert. Au point où, très souvent, je devais détacher mes pantalons après avoir mangé. Je m'empiffrais littéralement. Ça n'avait rien à voir avec la qualité de la nourriture, à bien y penser : seulement avec la quantité. C'était succulent, nourrissant mais beaucoup trop pesant pour mon faible métabolisme qui, à l'époque, fonctionnait au ralenti.

Je n'ai jamais réellement été une maniaque de télévision ni de jeux vidéo. J'ai toujours eu quelques émissions favorites que je suivais religieusement, mais après le souper, je m'enfermais toujours dans ma chambre pour écrire ou parler au téléphone. Ce n'est donc pas le petit écran qui a été la cause de mon obésité. Mais je grignotais sur mon lit, un livre entre les mains. L'été, j'allais jouer dehors. Je faisais du camping, de longues balades en véhicule tout-terrain, du vélo. J'aimais beaucoup faire de l'équitation également. Mais l'hiver, je refusais de sortir.

La dernière année où j'ai joué dans la neige et construit un fort avec mon frère David remonte à si loin que je m'en souviens à peine. Je détestais avoir froid, mais je détestais davantage encore avoir à porter des habits de neige trop serrés dans lesquels j'avais du mal à bouger et à respirer. Fatalement, mon manque d'exercice a encouragé mon embonpoint, et celui-ci est devenu de plus en plus désagréable, flagrant et limitant. Je m'enfonçais donc dans ma grève de l'hiver.

Alors je restais à l'intérieur. Et je mangeais. Parfois, quand mes parents quittaient la maison pour aller rendre visite à des amis, ils me recommandaient en rigolant de ne pas passer la soirée au téléphone avec mes copines. Les pauvres! Ils n'avaient aucune idée de mes plans. Le téléphone ne m'intéressait même plus. Non, moi, c'était le frigo qui m'attirait. J'en bavais presque. La voiture sortait tout juste de l'allée que je me précipitais pour me faire des goûters incroyables de fromage et de charcuteries, de chips et de biscuits. À cette époque, j'étais folle du Cheez Whiz et du saucisson de bologne. Je pouvais manger des tranches de bologne badigeonnées de fromage orange sans fin. J'adorais les saucisses et les pâtés gras, j'adorais le sel. Je ne me privais jamais (sauf en présence des autres, dont je redoutais le regard).

Quand j'y repense aujourd'hui, je trouve ça épouvantable: mes collations étaient tellement grasses qu'elles me coulaient, visqueuses, entre les doigts. Malgré la bonne volonté de mes parents, je pouvais passer des mois et des mois sans manger de fruits ni de légumes. Quand ma mère s'en rendait compte, elle faisait une grosse chaudronnée de potage aux légumes et m'obligeait à en manger. Autrement, j'avais banni ces aliments de ma vie. Tout ce qui était vert me levait le cœur, particulièrement le brocoli et les asperges. Je trouvais les oignons et les piments trop forts, les tomates trop acides, le céleri sans saveur, les champignons répugnants... Bref, toutes les excuses étaient bonnes. J'aimais les fruits, particulièrement les baies sauvages, mais comme j'étais toujours trop pleine de pain et de fromage, il ne me restait jamais de place pour eux. Avant que quiconque s'en rende compte, l'alimentation abondante mais normale de ma famille avait cédé le pas, pour moi, à l'obsession et à l'excès. Je déjeunais d'un sandwich de charcuterie et de Cheez Whiz, je dînais à l'école de pogos ou d'un autre sandwich, et je prenais un gros repas pour souper, en plus de chips ou de noix en soirée. Tous les jours, c'était la même chose. Mes parents ont bien essayé d'y remédier : ils faisaient de subtils commentaires, m'encourageaient à bouger, à être active. Ils m'envoyaient jouer dehors. Ils désiraient me mettre la puce à l'oreille sans pour autant faire en sorte que je culpabilise. Mais je faisais à ma tête ; c'est l'une de mes principales caractéristiques !

5

Mon entrée à l'école secondaire, cette première journée dans la « cour des grands », aurait pu être à la hauteur de son importance légendaire, mais c'est pour une autre raison, malheureusement, qu'elle a été mémorable.

J'étais nerveuse, surexcitée, la tête pleine de rêves et d'appréhension. J'avais une idée préétablie du déroulement de la journée, des gestes que j'allais poser, du style que j'allais me donner. Pour moi, le début des études secondaires représentait celui de la vraie vie, rien de moins. Influencée par des émissions américaines de jeunes riches californiens, j'avais l'espoir d'y vivre les moments les plus marquants de mon existence et de m'y adonner aux plus grandes ivresses. J'avais lu quantité de livres pour adolescentes, j'achetais régulièrement le magazine *Filles d'aujourd'hui* et j'étais fanatique des Backstreet Boys. Je remplissais tous les prérequis. J'étais prête.

Les critères qui ont présidé au choix de mes vêtements en cette journée fatidique me sont encore aujourd'hui totalement incompréhensibles et, plus j'y pense, plus le mystère s'épaissit : les voies de l'adolescence sont impénétrables (sans parler de celles des années

1990)! Je visais un look cool et branché, j'avais envie qu'on me remarque. Ainsi, rencontrer de nouvelles personnes me semblait plus facile si d'avance je ne passais pas inaperçue. Après des heures de réflexion et d'essayage, lors d'une scène bordélique et exaltée digne de *Pretty Woman*, je m'étais donc décidée pour une jupe écossaise à carreaux, des bas cuissards, un *body* (léotard) noir sous une veste de denim sans manches. Je l'avoue aujourd'hui de bonne grâce : c'était affreux ! Je ressemblais à un motard ! Je regardais les autres jeunes et je les enviais pour leur bon goût de ne porter que jeans et t-shirt. Ça n'était pas un concours d'originalité, après tout. Mais j'ai pris sur moi de n'avoir pas eu cette clairvoyance ; j'étais tellement heureuse d'être là ! Surtout que, pendant un temps, mes parents avaient envisagé de m'envoyer dans une école privée anglaise et chrétienne. Heureusement, comme mon frère aîné avait juré que l'expérience n'en valait pas la peine, ils avaient résolu de le renvoyer à l'école secondaire régulière, et moi en même temps.

Ce premier jour d'école, une fille a été tellement atterrée par mon accoutrement qu'elle en a parlé à sa mère en revenant chez elle. Elle s'appelait Kim, et elle m'avait aussi frappée, mais pour une raison opposée : son manque de style et la négligence de sa coiffure. Moi qui avais mis tant d'efforts dans la composition de mon look, je n'en revenais tout simplement pas de voir une adolescente aussi insouciante de son apparence. Alors j'en avais aussi parlé à ma mère, le soir même. Comment je sais tout ça ? Eh bien, Kim est vite devenue une bonne amie à moi, et nous avons bien rigolé en évoquant notre surprise réciproque lors de ce jour ma foi marquant !

J'ai eu là chance de retrouver la plupart de mes copines du primaire dans mes nouveaux cours. Nous étions sept : Mélanie, Mayranie, Martine, Marie-Hélène, Stéphanie, Emmanuelle et moi. Et au fil des années, de nouvelles amies vinrent se greffer à notre groupe, qui comptait, à la fin du secondaire, une bonne quinzaine de personnes. Quinze filles qui se baladaient ensemble dans les corridors, papotaient et rigolaient à tout propos, faisaient du grabuge. Nous étions espiègles, nous parlions sans arrêt en classe, les directeurs nous avaient donc vite repérées. Néanmoins, aucune d'entre nous n'a véritablement eu de problème : nous étions des bonnes filles de bonnes familles et nous avions toutes de bons résultats scolaires ; pour le reste, nous ne faisions que nous amuser. Il faut que jeunesse se passe, dit-on.

La première fois que nous avons vu Caroline, elle était assise par terre entre deux casiers, sa longue chevelure noire ondulée sous un bonnet multicolore et... un grille-pain entre les cuisses ! Armée d'un couteau à beurre, elle attendait patiemment que son pain soit grillé à point. Nous avons immédiatement eu le coup de foudre pour elle. Plus tard, elle nous a expliqué que, comme elle était en retard ce matin-là, elle avait tout simplement, comme si c'était une solution normale et éprouvée, saisi sous le bras grille-pain, pain tranché et beurre d'arachide, pour attraper son autobus, envisageant de déjeuner à l'école. Dans le corridor, devant tout le monde, ses longues jambes étendues devant elle et bloquant le passage des élèves, tout ça avec une souveraine insouciance, le premier jour d'école. C'est elle, cette fille originale et spontanée, qui m'a fait prendre conscience du ridicule de mon accoutrement pourtant longuement médité, et qui plus tard a organisé les meilleurs *parties*, sans compter qu'elle partageait avec joie nos collations dissimulées en pleine classe.

Caroline est décédée il y a plus de cinq ans maintenant, et elle nous manque terriblement.

Mais revenons un peu à ce fameux premier jour d'école. J'étais assise dans ma classe de français, entourée des autres élèves. Nous étions tous très fébriles, enchantés de commencer cette étape si importante de notre vie, anxieux de découvrir de nouveaux compagnons. Nous

nous observions à la dérobée continuellement. Il y en avait de tous les genres, rebelles ou intellos, à la mode ou habillés par leurs parents, calmes et frénétiques. Je ne sais pas trop de quelle catégorie je faisais partie, mais ce n'était certainement pas de celle des gens à la mode! Je n'ai intégré ce groupe que plusieurs années plus tard, à ce que je constate avec le recul.

Il y avait deux garçons dans ma classe que je remarquai instantanément. Un brun et un blond. Le brun est devenu populaire pour sa gentillesse et son humour. Le blond, vous l'aurez deviné, pour sa beauté. Comme si leur propre chance leur était insuffisante, ils étaient copains. Je craquai pour le blond. Il avait des yeux noisette et le teint très basané. Les filles de l'école parlaient de lui à tout bout de champ, et je ressentais une vaine fierté à être dans sa classe. Dans les cours, je m'asseyais souvent près de lui, vivant de l'espoir de faire sa connaissance. Au début, il me faisait rire. C'était un garçon moqueur, qui se payait la tête des gens en faisant des commentaires sur leur apparence physique. Pour cette raison, il était souvent appelé dans le bureau du directeur. Ç'aurait dû me mettre la puce à l'oreille...

Le jour des photos de classe, je portais ma fameuse jupe écossaise. Ç'a été la dernière fois d'ailleurs. Nous essayions de nous aligner, rigolant sans cesse, comme d'habitude. J'avais envie d'être proche de mon beau blond, sur la photo. Comme j'étais plutôt grande, il me semblait possible, et même tout indiqué, de me mettre debout dans le rang de derrière, parmi les garçons. Je pris donc place, mais le blondinet ne put retenir sa blague. D'une voix forte et moqueuse, il cria à la ronde:

— Je veux pas être à côté de la grosse «carreautée», elle va prendre toute la place!

Certains rirent, d'autres se contentèrent de regarder fixement le plancher. Une copine me caressa le bras en signe de réconfort. Mais cette remarque m'avait blessée, le mal était fait. Et je ne savais pas encore que ce n'était que le début.

En classe, il a commencé à rire de moi, pas trop, juste de temps en temps, car comme il n'était pas doué pour les études il comptait sur mon attitude bonasse pour que je lui refile les réponses aux exercices. Il avait vu juste parce que moi, aveuglée et naïve, je me suis laissée prendre à son petit jeu. Il faisait des commentaires, chuchotant pour que je n'entende pas, entraînant les autres à me haïr. Il cherchait, je crois, à mettre en place une sorte de réseau de moquerie dont j'étais, parmi d'autres élus impopulaires ou physiquement moins gâtés, la cible. Et son petit manège est devenu de plus en plus flagrant. Je n'ai pas tardé à m'en rendre compte.

Ainsi, je commençais à me lasser du beau blond, qui, en plus de me ridiculiser, faisait la vie dure à l'une de mes amies, handicapée. Un jour, nous avons trouvé le casier que nous partagions recouvert par lui de jus de fruit, et notre cadenas de gomme à mâcher! Ce moment fut horrible au-delà de toute attente. Car nous nous étions presque habituées aux moqueries, qui entraient par une oreille, faisaient leur petit travail malicieux, puis ressortaient par l'autre. Je ne veux pas dire que les mots ne blessent pas. Certains restent et laissent leur marque pour toujours. Mais quand ça arrive régulièrement, on arrive paradoxalement à en oublier des bouts. Ce jour-là toutefois, lorsque nous sommes arrivées, mon amie et moi, face à un acte physique de dégradation, nous nous sommes senties réellement attaquées.

C'était là, immanquable, vrai, violent, sous nos yeux ébahis. Les gens autour de nous s'en étaient rendu compte. Ils savaient qu'une personne nous haïssait au point de passer de longues minutes à saccager ce qui nous appartenait. Et nous le savions aussi. Nous savions que quelqu'un avait pensé à nous, puis avait commis un geste d'une telle méchanceté. Et qu'en commettant ce geste, il avait en tête mon problème de poids, le handicap de mon amie, et qu'il leur vouait sa haine.

J'arrivai en retard à mon cours, puisque je dus me procurer un nouveau cadenas.

Alors que nous étions dans la classe d'art quelques jours plus tard, il s'en prit encore à moi. Je ne comprends toujours pas ce qui le poussa à m'attaquer ce jour-là. Il était assis juste derrière moi. Vers le milieu du cours, comme ça, sans raison apparente, il posa ses crayons, recula sa chaise et se leva. S'adressant à toute la classe, il cria en me montrant du doigt :

— Isabel, elle est grosse !

Je me tournai alors vers lui, choquée. Réellement surprise également. Qu'est-ce qui venait de se passer ? Pourquoi m'agressait-il ainsi ? Je devins rouge de colère et de honte.

Ravi de l'attention qu'il s'était attirée, il ajouta, très fort, tout en me dévisageant durement :

— Tu es tellement grosse que tu me donnes envie de vomir, grosse dégeu !

Vlan ! Un coup dans le ventre. Reprenant mon souffle, je me souviens d'avoir osé répliquer :

— Alors vas-y, gêne-toi pas !

Son ami le beau brun rigola tout bas, puis lui fit remarquer que c'était peut-être un peu trop méchant... De mon côté, je penchai la tête sur mon dessin, ravalant mes larmes, serrant les dents et les poings. Ah, comme ça faisait mal. Comme l'humiliation était totale. En face de mes amis, des filles populaires, des garçons que je trouvais attirants... C'était moi qu'on ridiculisait, moi et aucune autre. Je me détestais tellement ! Évidemment, mon enseignante avait le dos tourné et, inconsciente du petit drame qui se déroulait dans sa classe, elle ne se porta pas le moins du monde à ma défense.

Ce soir-là, je ne soupai pas. Au lieu de cela, j'enfilai mes patins à roues alignées et je sortis en trombe. Je me

trouvais grosse et laide ; il fallait que je maigrisse. Fulminant, je patinais rapidement, trop rapidement, comme si
la vélocité allait réussir à nettoyer sur moi le souvenir
gluant de cette humiliation. Je filais à vive allure, maîtri-
sant à peine mes gestes. Je n'avais pas pris le temps de
mettre mes protections. Ma chute fut très douloureuse.
Je m'ouvris le coude jusqu'à l'os. Le sang giclait. Mais je
restai là, longtemps, assise sur l'asphalte, pleurant
comme un bébé. J'avais le cœur en miettes.
        Le beau blond a déménagé l'année d'après. Je ne l'ai
jamais revu.

        J'avais une amie à la magnifique chevelure couleur
carotte, très grande et très jolie. Nous nous connaissions
depuis l'âge de huit ans. Nous aimions jouer pendant des
heures, danser en écoutant la musique de Roy Orbison
ou des Beach Boys. Nous nous voyions souvent et nous
nous amusions comme des folles. Ses parents l'avaient
fait transférer dans une autre école que la mienne pour
qu'elle y finisse son primaire, mais comme nous habi-
tions à quelques minutes seulement l'une de l'autre, cette
séparation du jour ne causa pas la fin de notre amitié du
soir et des week-ends. Mais inévitablement, elle a dû se
faire de nouveaux amis dans sa nouvelle école. Et ceux
qu'elle a élus m'ont détestée dès la première seconde,
avant même de m'avoir rencontrée. La description physique qu'avait bien été obligée de leur faire ma copine les
avait-elle rebutés à ce point ? Je préfère aujourd'hui croire
qu'ils ont simplement éprouvé une vilaine jalousie à mon
endroit, puisque j'étais l'amie d'enfance privilégiée de
leur nouvelle coqueluche.
        Dès le début de nos études secondaires, ils se sont
mis, comme quelques-uns de mes camarades, à me
lancer des idioties. Ils avaient pris pour objet de leurs
sarcasmes ma forte poitrine... Étrange, je sais, quand
d'autres auraient vu cela comme un atout. Ils m'appelaient

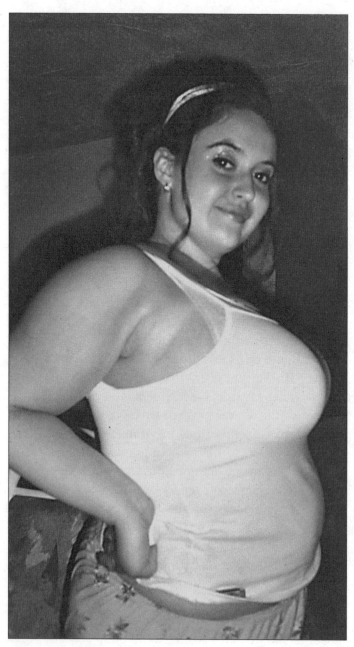

À 232 livres, dans toute ma rondeur!
(collection personnelle de l'auteure)

« totons joufflus ». J'avoue que j'ai beaucoup hésité avant de révéler ce surnom dans mon livre, et qu'il m'en coûte aujourd'hui de l'épeler. À l'époque, ces mots ont été la goutte qui a fait déborder le vase. J'en ai été profondément blessée. Vers la fin du primaire, gênée d'avoir un corps d'adulte prématurée, je portais toujours des camisoles très ajustées sous mes gilets afin de cacher mes formes. Alors qu'au secondaire je m'assumais finalement, et j'avais cru venu le moment de cesser de me camoufler, leurs paroles injurieuses sur ma poitrine ont été parmi les choses les plus difficiles que j'aie eu à entendre. Parce qu'on s'attaquait directement à ma féminité.

Pendant plusieurs mois, ils m'ont crié des insanités de tous les genres, me traitant de grosse, me poursuivant dans les corridors ou les toilettes. Paradoxalement, la chef de leur bande était encore plus corpulente que moi, et j'avais réussi à tirer mon profit de cette similarité en lui faisant remarquer que son derrière était encore plus volumineux que le mien. Alors, imperturbables, ils ont désormais réservé leurs insultes exclusivement à ma poitrine !

Ils étaient plusieurs, une bonne dizaine (parmi lesquels un seul garçon), mais la bande à laquelle j'appartenais était encore plus nombreuse. Ils étaient les méchants, nous étions les pas fines (un peu moins pire, tout de même !). Cela virait à la guerre de clans. Ils ont essayé de monter contre moi l'un des gars les plus populaires et baveux de notre école. Il avait un ascendant troublant sur la plupart des jeunes, et il était à la tête d'un groupe de garçons plus âgés, ayant redoublé un an d'études. La perspective d'être la cible de ces monstres me terrorisait. Par chance, un de mes amis d'enfance était l'ami de ce garçon, et il le somma :

— Tu peux baver n'importe quel nouveau, mais pas elle. Je la connais, elle est correcte.

Un jour, n'en pouvant plus, j'éclatai en sanglots. Les recommandations de mon ami n'avaient eu qu'un maigre effet. J'étais épuisée, humiliée. Je m'étais cachée dans un coin, adossée à mon casier, refusant d'errer dans l'école, apeurée de tomber sur l'un de mes persécuteurs. Une professeure passant par là me demanda pourquoi je pleurais. Je lui répondis, entre deux hoquets, que je pleurais parce que j'avais de gros seins et que les jeunes s'en moquaient. Surprise, la dame me regarda et me dit, sur un ton de confidence :

— Tu vas voir, un jour, tu vas être contente d'avoir une forte poitrine.

À l'époque, je trouvais cela étrange, incompréhensible... Plus tard, heureusement, j'ai compris qu'elle avait eu raison.

Pendant quelques mois, le groupe des méchants m'a fait la vie dure. Jusqu'à cette fameuse journée de novembre dans la cour d'école...

Mes copines et moi, nous étions d'un côté de la cour de récréation, rigolant et observant les gars qui pratiquaient l'athlétisme ; le groupe des méchants, de l'autre côté, fumait des cigarettes. Lorsqu'ils m'aperçurent, ils se mirent à me crier des noms de plus belle. Je ne sais pas ce qui me prit mais, exaspérée, je traversai la cour d'un pas décidé vers eux. Ils firent de même. En marchant, je ne me posais pas de questions, je n'avais qu'une idée en tête : je voulais juste qu'ils arrêtent de rire de moi. Ma surprise fut grande quand je constatai que le seul gars du groupe fut celui qui fonça sur moi. D'un geste brusque, il m'agrippa et me frappa au visage. Il m'asséna plusieurs coups sans que je puisse même réagir, comme un lâche. Reprenant mes esprits, je le ruai de coups de pied afin qu'il lâche prise. Ce qu'il fit.

C'était la première fois que quelqu'un me frappait. J'étais dans tous mes états. Me frapper à cause de mon apparence, c'était si odieux ! Un surveillant avait été témoin de la scène et, miraculeusement, à peine quelques heures plus tard, après qu'il eut rendu visite au directeur, le groupe est venu me proposer une trêve. Ç'a été la dernière fois que j'ai eu des problèmes sérieux avec eux. Ils m'ont laissée tranquille, enfin. C'était comme un rêve; je ne pouvais me résoudre à y croire.

Cette journée-là, mon frère aîné était absent de l'école. Encore aujourd'hui, il parle de cet incident avec la rage au cœur. Il prétend qu'il s'en voudra pour toujours de ne pas avoir été là pour me défendre. Pendant longtemps, il a insisté pour que je lui désigne celui qui m'avait fait du mal. Mais j'ai toujours refusé. J'avais bien trop peur que les problèmes recommencent.

C'est quand même bien d'avoir un grand frère...

Bien d'autres garçons, au cours de ma pénible adolescence, ont pris le relais de cette bande, malheureusement. Je me souviens entre autres des amis du grand frère de ma copine. Ils étaient plus âgés et allaient à une autre école. Chaque fois que j'allais chez elle, ils étaient là, et se faisaient un malin plaisir de se moquer de ma poitrine. Ils m'avaient également donné un surnom : «lulus-bourrelets», faisant référence (entre autres) à ma coiffure. Déjà à l'époque, je voyais mal comment des gars de leur âge pouvaient ouvertement faire des commentaires aussi ignobles sur la poitrine d'une gamine. J'étais très jeune et c'était réellement difficile pour moi de les affronter. J'avais peur de les croiser en permanence. À cause d'eux, je me sentais vulnérable, et même en danger. Peu à peu, j'ai cessé d'aller chez ma copine. Je l'invitais plutôt chez moi, où ma famille montrait à mon égard une sollicitude que je ne rencontrais pas ailleurs. J'avais vraiment besoin de ce refuge pour me sentir en sécurité. Encore aujourd'hui, il m'arrive de croiser ces personnes sur mon chemin et de ressentir des frissons, vestiges de ma peur d'antan. Je sais bien qu'ils ne m'insulteraient plus (et qu'ils n'en ont plus l'occasion de toute façon), mais je sais aussi que les souvenirs parfois sont plus forts que la raison.

À dix-sept ans, 185 livres. J'étais très déçue du résultat et de mon look de madame (collection personnelle de l'auteure).

6

C'était l'été de mes treize ans. J'étais à la cuisine en train d'aider ma mère à faire la vaisselle. Nous étions toutes les deux concentrées sur nos chiffons depuis plusieurs minutes d'un calme serein lorsque ma mère rompit le silence :

— Isabel, j'ai quelque chose à te dire.

Je m'arrêtai un instant, surprise par la gravité de son ton. Pressentant le drame, j'évitai son regard, je continuai de sécher l'assiette que j'avais entre les mains, et je lui demandai nonchalamment ce qu'il y avait. Une fenêtre se trouve juste au-dessus du lavabo dans la maison de mes parents. Ma mère s'arrêta et regarda vers l'extérieur longuement, les mains pendant encore dans l'eau chaude.

— J'ai une bosse, Isabel.

Je m'arrêtai à mon tour.

— Une bosse ? Où ça ?

— Au sein.

Je ne la regardai pas plus, et je repris plutôt ma tâche comme si de rien n'était. Je me rappelle que j'étais confiante, que je n'avais pas encore peur. Tout allait rentrer dans l'ordre, rien ne pouvait nous arriver.

À 232 livres, avec Caroline, ainsi que ma cousine Linda.
J'étais épuisée et très insatisfaite de mon apparence
(collection personnelle de l'auteure).

C'était le début de l'été. Ma mère avait trente-six ans. Le combat venait de commencer.

Quelques semaines plus tard, je me préparais à quitter la province pour me rendre juste à côté, en Ontario, dans un camp de vacances. Ma meilleure amie Méla m'y accompagnait, à mon grand bonheur. Les souvenirs que j'ai gardés de ces semaines de vacances sont magiques et inoubliables. J'y ai vécu les plus agréables moments de ma vie, et j'y ai fait la rencontre de gens extraordinaires. Tout dans ces escapades hors du temps est digne de mention : nos baignades nocturnes illégales, les feux de camps, les graffitis dans les dortoirs, la poutine du casse-croûte, les nappes rouge et blanc, Crystal Beach, les garçons, les Anglais, Méla dégringolant l'escalier, un chaudron dans les mains, et se retrouvant les fesses à l'air...

Mon petit ami de l'époque, un grand Italien maigrichon, avait proposé à mon père de nous conduire, Méla et moi, en Ontario jusqu'au camp. Le départ eut lieu un beau et chaud samedi matin ; l'un des amis de mon copain profita de l'occasion pour faire une balade et décida de nous accompagner. Après avoir étalé un drapeau du Québec dans le pare-brise arrière et dévalisé un dépanneur de ses bonbons, nous quittâmes la province. Le voyage fut agréable : il soufflait à l'intérieur de la voiture un vent de liberté. Nous étions complètement exaltés. Mais à notre arrivée, quelle ne fut pas notre surprise de constater que le camp était complètement désert. Insouciants, mon copain et son ami nous quittèrent tout de même rapidement, laissant nos sacs de couchage et nos sacs de plastique remplis de vêtements sur la pelouse...

Le camp était relativement grand. Situés sur une butte, dortoirs et chalets s'alignaient, offrant un confort sommaire. De nombreux sentiers partaient dans tous les sens à travers la forêt, et une plage, plus bas, longeait un grand lac tranquille. Après une scrupuleuse visite des lieux, Méla et moi commencions à nous décourager quand un homme qui prétendait être le concierge passa par là et s'arrêta devant nous. Il était très surpris de nous voir car, nous informa-t-il en anglais, le camp n'ouvrait ses portes que le lendemain. Mortifié, il précisa qu'il n'avait pas les clés. Méla et moi tombâmes à la renverse sur nos bagages.

— Mais qu'est-ce qu'on va faire ?

— On va dormir sur la plage, j'imagine.

— Et qu'est-ce qu'on va manger ?

Je regardai le petit sac de bonbons presque vide que je tenais à la main, prise d'une angoisse soudaine.

— Hum... rien, j'imagine... On pourrait aller voir si on trouve des fraises ou des bleuets dans les bois.

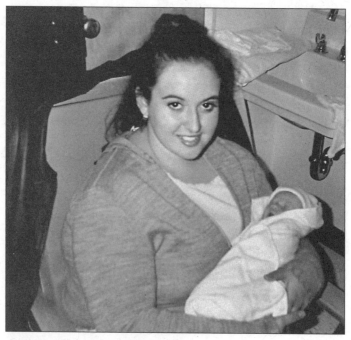

À 232 livres avec bébé Thomas
(collection personnelle de l'auteure).

Méla me regarda de ses yeux de biche, soupira, puis éclata de rire !

— Tu m'avais promis des beaux garçons et des feux de camp sous des ciels étoilés, et nous voilà plutôt seules et affamées, couchées sur des sacs à ordures !

Rigolant de plus belle, Méla m'inspira un peu de confiance, et je commençai à dédramatiser la situation. Chaque adolescent dans sa vie a une histoire semblable à raconter ; pour la plupart, les parents ne sont mis au courant que plusieurs années après les événements. C'était excitant d'être dans ce camp, toutes seules, à l'approche du crépuscule, et de savoir que, peu importe ce qui arriverait, ce serait mémorable.

Nous étions encore en train de nous rouler par terre quand le concierge revint nous voir. Nous lui avons fait comprendre que notre anglais était très limité, mais il ne sembla pas s'en préoccuper. Il prit place auprès de nous et, pendant une bonne heure, il nous raconta des blagues en anglais, nous tapant le dos pour nous encourager à rire, passant sa main dans sa longue chevelure blonde et lissant sa moustache quand il avait l'impression d'avoir été particulièrement hilarant. Embarrassées, Méla et moi faisions semblant de rire, impuissantes plus que méfiantes devant ce drôle de spécimen. Finalement, il nous quitta après nous avoir simplement souhaité bonne chance.

La journée tirait à sa fin, le soleil couchant brillait sur le lac. Nous étions toujours seules et affamés, à la recherche de petits fruits quand, coup de théâtre ! un immense véhicule récréatif fit son entrée dans un vacarme étonnant, ce qui nous tira de notre torpeur.

— Méla ! Il y a du monde !

— Isa ! Il y a de la nourriture !

Mon amie savait bien mettre l'accent sur ce qui me ferait plaisir !

Le couple était dans la soixantaine avancée. Complètement ahurie de nous trouver sans foyer ni nourriture, la dame nous somma rudement de nous asseoir et de partager leurs provisions. Au début, je pensais seulement qu'elle était insistante parce qu'elle avait craint pour nous. Je la trouvai d'emblée sympathique, et je nous considérais chanceuses d'être tombées sur elle dans les circonstances. Nous acceptâmes son offre avec joie.

D'abord, elle nous servit un pain à hot-dog blême fiché d'une saucisse, sans condiments. Frugal, mais apprécié. Nous engloutîmes tout. Puis, elle se leva, bricola une minute dans la cuisinette et revint avec deux immenses assiettes débordantes de spaghetti. Je salivais déjà lorsque, pointant le doigt vers nous, la dame ordonna d'un ton sévère :

— Je veux que vous mangiez TOUT ce qu'il y a dans vos assiettes, c'est compris ?

Méla et moi hochâmes la tête sans répliquer, troublées par l'attitude un peu intense des inconnus. Nous étions résolues à obéir, pour ne pas les insulter ou provoquer leur colère, d'autant qu'ils nous avaient littéralement sauvées d'une longue nuit de jeûne et de solitude. Mais elle avait beau se forcer, Méla, une délicate jeune fille d'à peine cent livres, en eut rapidement assez.

— Je n'ai plus faim, dit-elle à peine avait-elle avalé la moitié de son repas.

— Tu devrais faire un effort, tu sais ce que la dame a dit...

Puis l'imitant, le doigt pointé et la voix cassée, je sermonnai mon amie :

— « Vous devez TOUT manger ! »

Méla éclata de rire mais plaida, les mains jointes :

— Je sais, mais je vais exploser... À moins que...

Je la vis regarder à droite puis à gauche, soulever la nappe de la table de pique-nique à laquelle nous nous étions installées, et vider l'assiette sur le sol dans un geste preste et subtil.

— Mais qu'est-ce que tu fais ? Ils vont s'en rendre compte !

— Pas avant un bon bout... Du moins pas avant qu'on soit retournées au camp !

Ça me semblait un plan efficace. Mais un sinistre doute me traversa l'esprit.

— Ça va avoir l'air louche, maintenant que ton assiette est vide, que la mienne soit encore à moitié pleine...

Méla me donna raison, puis hésita, songeuse... Tout à coup, son petit sourire malin que je lui connaissais bien illumina son visage de gamine. Je me dis à l'instant même que je n'aurais jamais dû ouvrir la bouche.

— Tu n'as que deux options. Soit tu manges le plus vite possible avant leur retour...

— Ou alors ?

Méla sourit et souleva la nappe.

— Ou bien tu fais comme moi !

Je n'hésitai qu'une seconde et, dans un grand éclat de rire, je l'imitai, versant le reste de mon spaghetti sur le sol, faisant entendre des *floc floc* bruyants à chaque cuillerée. Je venais tout juste de rabaisser la nappe quand la dame fit à nouveau irruption.

— Ah, je vois que vous avez terminé, C'est très bien, les filles, je suis profondément contre le gaspillage, ça me fâche tellement !

Méla et moi approuvâmes, les lèvres pincées. Mais le plus drôle était à venir.

— Restez assises, je vous apporte le dessert !

Méla pouffa de rire, se saisissant la tête à deux mains.

— Demain sur la page couverture du journal : « Deux jeunes filles retrouvées mortes après s'être fait gaver de nourriture par une vieille dame... »

— CHUT !

La dame revint avec des gâteaux et du jus de raisin. Je mangeai mon gâteau sans peine, soulagée d'avoir encore quelque chose à me mettre sous la dent après m'être stupidement débarrassée de mon plat principal, mais mon amie se contenta de le lancer aux oiseaux, utilisant sa cuillère comme une catapulte. Le jus, contenu dans de petits cartons percés d'une paille, comme on en avait tous à l'école primaire, fut l'objet d'une course ridicule : qui de nous deux aurait pressé le contenu de la petite boîte en premier. Méla gagna, d'ailleurs. Moi, secrètement scandalisée et terrorisée d'avoir jeté toute ma nourriture alors que j'avais encore faim, j'avais voulu conserver une petite gorgée de jus pour plus tard... Notre dégât terminé, nos fontaines violettes taries, nous quittâmes précipitamment la table en lançant de gros merci, honnêtement reconnaissantes, tout de même. Petites ingrates, me direz-vous. Je sais... Heureusement pour nous, nous n'avons jamais recroisé notre autoritaire bienfaitrice !

Quelques instants plus tard, une autre voiture arriva mais, cette fois-ci, c'était la bonne. La responsable des inscriptions venait d'arriver et, même si elle était mécontente que nous soyons arrivées si tôt, elle nous permit de nous inscrire et nous donna la clé de notre dortoir. Mélanie et moi n'avons pas dormi à la belle étoile cette nuit-là. Nous le regrettons presque.

Le camp familial ouvrit enfin ses portes et tout le monde débarqua, pour notre plus grande joie. Certaines de mes tantes étaient là pour l'été. Leur présence assurait une certaine familiarité, en plus de rassurer mes parents sur ma bonne conduite. Ces tantes, chaperons par excellence, entretenaient un contact régulier avec mes parents, restés à la maison. Vers le milieu de la semaine, mon allégresse d'être en vacances fut brusquement interrompue par l'une d'elles, qui me prit à part pour une conversation.

— Tu sais que ta mère a un cancer ?

Et vlan ! Moi qui avais tenté de chasser ces sombres pensées pour au moins une semaine de répit. Pour moi, le cancer n'était qu'un phénomène inconnu dont tout le monde commençait à parler autour de moi. Le mot me frappait et me laissait entrevoir d'horribles catastrophes, mais j'étais si jeune. Alors, incertaine, je vivais la maladie de ma mère comme on avance sans boussole sur une mer houleuse. Fermant les yeux. Croisant les doigts.

— Sa sœur vient de me parler, reprit-elle. Savais-tu qu'elle va bientôt commencer des traitements de chimiothérapie ?

Non, je ne le savais pas. Mais blessée qu'elle me l'apprenne ainsi, et réticente à montrer qu'elle en savait plus que moi, je répondis, orgueilleuse :

— Oui...

— Tu sais ce que c'est ?

Je n'hésitai pas longtemps pour lancer :

— C'est du poison, ma tante. C'est tout ce que je sais.

Quelques semaines plus tôt, je revenais d'une sortie avec mes copines quand je trouvai mon père affalé sur la chaise berçante, au salon.

— Où est maman ? avais-je aussitôt demandé, pressentant un malheur.

— À l'hôpital.

C'est en mangeant un éternel sandwich au baloney que j'avais demandé des précisions, tout de même surprise.

— Encore ? À cette heure ?

Mon père restait silencieux. Alors j'avais posé mon sandwich et répété, de plus en plus inquiète :

— Maman est encore à l'hôpital ? Quand est-ce qu'elle rentre ?

Sans me regarder, mon père avait finalement lâché :

— Ta mère a une tumeur maligne. Elle ne rentrera pas.

Ce fut une rare collation que je n'eus pas le cœur de terminer.

Peu de temps après, ce fut le commencement des traitements de chimio, de radiothérapie, de la perte de cheveux, des perruques... le commencement de la peur, des combats, des visites à l'hôpital... le commencement de la maladie écœurante qu'est le cancer.

C'est à la fin de cet été à la fois triste et heureux que je suis entrée en deuxième secondaire. J'étais soulagée que la première année du secondaire soit terminée, et j'espérais que celle-ci serait moins pénible. Pour commencer, j'ai opté pour laisser un peu plus libre cours à ma féminité, puisque j'en avais maintenant l'âge. J'ai donc mis de côté les immenses pantalons colorés que je portais depuis quelques mois en remplacement de ma fameuse jupe à carreaux, et j'ai tenté un nouveau style vestimentaire entre le grunge et le hippie. Des gilets très colorés que je dénichais dans des friperies, des pantalons pour homme très foncés du genre bleu de travail, des chapeaux à large bord, une bague à chaque doigt et une panoplie de colliers que je portais superposés... Sans oublier mes fameuses barrettes de plastique en forme de marguerite! Certains d'entre vous se rappelleront ce style pour le moins bariolé.

C'est à cette époque que je commençai à digérer ma rupture avec l'Italien maigrichon qui m'avait accompagnée au camp durant l'été, et qui avait gagné le titre de premier amoureux sérieux. Mais il faut revenir un peu en arrière pour décrire les grandeurs et misères de cette relation avec le premier garçon à me briser le cœur.

Il était très grand, très populaire, et très moqueur. Il avait le teint basané, des yeux bruns de velours et une longue chevelure de jais. Tout le monde le connaissait et la grande majorité de mes camarades de classe l'appréciaient, ce qui était pour moi un atout supplémentaire. Son casier se trouvait près du mien durant l'année scolaire, et j'avais remarqué qu'il aimait faire rire les élèves autour de nous à la fin des classes. Je ne sais pas trop comment ni pourquoi il m'avait remarquée. J'étais petite et grassette, pas nécessairement populaire, et je faisais un peu d'acné. Mais nous avions un ami commun, et il avait simplement commencé à me parler et à me faire rire. Comme j'étais un excellent public, il m'appréciait d'autant plus.

Sachant qu'il habitait près du centre d'achat, ma copine Mimi et moi décidâmes un soir d'aller essayer de le croiser en ville. Une autre séance d'essayage précéda notre départ. Maquillage, coiffure, vêtements échangés mille fois... Nous quittâmes la maison fin prêtes, grimées comme pour les Oscars, ne nous doutant pas que le trouver serait si facile. En effet, il se trouvait sur le trottoir en face de chez lui, en train de discuter avec un garçon appuyé sur son vélo. Nerveuse, je marchai dans sa direction et articulai un désinvolte « salut » en passant devant lui. Il ne fournit aucune réaction à mon petit manège. Acharnées, Mimi et moi fîmes donc demi-tour.

— Hum... salut Jake, comment ça va ?

— Ah, salut Mimi...

Puis me dévisageant, la bouche ouverte :

— Isabel ? Je ne t'avais même pas reconnue !

Il s'approcha enfin de moi.

— J'aime beaucoup ton maquillage, ça te va bien. Et c'est très joli, tes cheveux, comme ça.

Nous passâmes la soirée à nous balader main dans la main dans les rues de la ville.

Au début, c'était mignon, c'était nouveau. Il avait beaucoup d'humour, j'en avais aussi (quand je n'en faisais pas les frais, bien sûr), alors nous allions très bien ensemble. Avant mon départ au camp, j'avais passé mes premières semaines d'été chez lui, à manger des toasts aux tomates (yeurk !) et à me faire couvrir de doux baisers. Je n'aurais pas pu refuser cette offre de réconfort dans une période si pénible que le début des traitements de ma pauvre maman. Mais si c'est son sens de l'humour qui m'avait séduite avant tout, ça a aussi été lui qui a entraîné notre rupture. C'était inévitable.

C'est que j'étais grosse. J'étais une grosse jolie, oui, et qui avait beaucoup d'amis, mais j'étais grosse tout de même. Et mon petit copain était monsieur Popularité. Le jour où l'un de ses amis fit un commentaire sur mon poids, tout commença à chavirer. Rire de mon embonpoint n'était plus inapproprié, semblait-il, et c'était comme si une porte venait de s'ouvrir devant son humour en quête de nouvelles avenues. Mon petit ami était trop tenté. Il a commencé par des commentaires en privé, puis en public, devant nos amis et même devant ma famille. Je trouvais cela inacceptable, mais j'étais incapable de mettre fin moi-même à tout cela. Un jour que nous étions en train d'écouter de la musique dans sa chambre, je m'assis involontairement sur un cadre qui se trouvait par terre, et celui-ci se brisa sous mon poids. Alors qu'il aurait pu être déçu d'avoir perdu un objet auquel il tenait, mon petit ami, carrément amusé, s'empressa plutôt de courir au salon pour montrer le cadre à tous ceux qui s'y trouvaient, précisant que c'était mon «gros derrière» qui avait causé cette catastrophe, riant de moi aux éclats. Moi, de la chambre, j'entendais tout.

Si j'avais été un peu moins aveuglée par ce premier amour, j'aurais sans doute analysé plus finement son empressement à nous laisser seules dans le camp désert, Mélanie et moi, lorsqu'il nous y avait conduites. Mais je n'avais rien vu. C'est à mon retour que je compris sa lâcheté, lorsque son ami Mathieu rompit pour lui au téléphone.

— Savais-tu que Marie-Soleil Tougas vient de mourir?

— Oh, mais c'est horrible! Je l'aimais tellement...

— Je sais, c'est plate... Oh, et Jake casse avec toi: il a une nouvelle blonde. OK, bye, à la prochaine!

Ah, les hommes et leur légendaire sensibilité !

Je me rappelle que, au début de notre relation amoureuse, j'étais fière de mes rondeurs. Il disait qu'il les aimait. Je m'étais mise à porter des vêtements plus moulants et, après son compliment sur mon maquillage, j'en ai systématiquement porté durant les dix années suivantes. Je me sentais féminine, et les gens autour de moi me complimentaient beaucoup sur ce changement d'apparence. Sans ses moqueries, peut-être aurais-je évolué dans cette direction. Parce que, quand il me serrait dans ses bras et qu'il me murmurait des mots d'amour, mes bourrelets étaient bien la dernière de mes préoccupations ! En sa compagnie, j'étais l'adorée. Mais comme tant d'autres, il a vu que j'étais une cible facile et en a abusé. Alors ma confiance s'est émiettée peu à peu, encore une fois. Je suis redevenue cette fille que je connaissais si bien, celle qui se regardait nue dans la glace, les yeux pleins d'eau, celle qui se détestait.

7

Le cauchemar des cours de natation ne s'était pas arrêté au primaire ; il avait recommencé de plus belle alors que, de nouveau délaissée, j'avais retrouvé mes complexes. Juste d'y repenser, j'en ai la chair de poule. Je passais des heures et des heures à chercher une tenue qui m'avantagerait, et des heures encore à me dévisager devant la glace à la maison, me tournant, me penchant, me rentrant le ventre, essayant de cacher mes bourrelets. Puis, dans le vestiaire, à l'école, je me changeais toujours dans une cabine, alors que mes copines osaient se déshabiller entre les casiers, à la vue de toutes. Je savais qu'elles m'attendaient sur le banc du vestiaire avant d'aller à la piscine, mais même une fois prête je restais enfermée dans la cabine. Je m'asseyais sur le petit siège et j'attendais, grelottant dans mon maillot. J'espérais qu'on m'oublie ou que le temps s'arrête. À la dernière minute, mes amies me criaient que le cours allait commencer, et j'étais obligée de me montrer. J'avais une peur bleue de ce moment fatidique. Le genre de peur qui vous serre le ventre et qui vous donne envie de vomir. Parfois même, les larmes me montaient aux yeux. Après les cours, je ne prenais même pas de douche. Je courais dans une cabine, trop pressée d'enfiler mes vêtements. Ces sensations indéfinissables d'appréhension et d'effroi qui m'envahissaient jadis à la pensée de me rendre à la piscine publique sont pour moi encore aujourd'hui palpables.

Nos professeurs d'éducation physique, lorsqu'ils nous donnaient les directives, voulaient que nous attendions sagement avant de nous jeter à l'eau. Mais moi, je refusais de m'exposer en maillot, et ce même si les classes d'éducation physique n'étaient pas mixtes. Il faut dire que mon école secondaire, en Abitibi, possède une piscine professionnelle, entourée d'une piste de course de deux étages et de plusieurs gymnases avec vue sur la piscine. Nous étions gâtés. Mais ce n'était pas l'endroit le plus intime ni le plus discret, loin de là ! En général, les garçons de la classe faisaient de l'haltérophilie ou du conditionnement physique dans des locaux situés tout près, et ils se faisaient toujours un plaisir de venir nous espionner à travers les murs vitrés. Le plus souvent, ce n'était pas pour nous admirer, mais plutôt pour rire ou pour nous pointer du doigt, moi la première. J'ai eu droit à des remarques sur tout : ma cellulite, mon poids et ma poitrine. Certains gars tentaient même une imitation pour le moins caricaturale de ma démarche. Ils couraient dans tous les sens tout en mimant de leurs mains des mouvements de lourdes poitrines qui se balancent ou de grosses fesses, faisant la moue pour exagérer le volume de leurs lèvres. Ça faisait bien rire tout le monde, ce qui ajoutait à mon envie de vomir.

Certaines filles de ma classe avaient eu honte de devoir avouer qu'elles étaient menstruées pour pouvoir plonger dans la piscine au lieu d'attendre à l'extérieur. Mais pour moi, c'était une humiliation bien maigre comparée à celle que je vivais. Alors, après quelques semaines, j'ai eu la brillante idée de faire croire à mon professeur que j'avais mes règles, et que je ne pouvais pas attendre en dehors de l'eau. Il m'a laissée plonger de bonne grâce. Petit truc dont j'ai fait usage à chacun de mes cours sans exception! Le professeur devait bien se douter que je le trompais, puisqu'il n'était pas logique que je sois menstruée continuellement, mais il ne disait rien. Peut-être était-ce par pitié qu'il avait laissé sa logique de côté...

Bientôt, je me fis un nouveau copain. Un mignon rappeur à lunettes. Et populaire avec ça! À tel point qu'il rêvait de devenir une star d'Hollywood. Pendant l'une de mes classes de natation, il me présenta, à travers une vitre, à l'un de ses amis.

— Wow, elle est ben grosse, ta blonde! fut la réaction de ce dernier.

Mon copain se tourna vers moi et me rassura:

— Moi, je te trouve pas si grosse que ça. Je te trouve très correcte.

Maigre réconfort. Parce que le reste du monde semblait penser comme son ami.

L'avis était partagé par toutes sortes de gens. Alors que je faisais du porte-à-porte avec ma mère afin de récolter des dons pour la Société du cancer, une petite fille me demanda en fixant mon ventre:

— Pourquoi tu es aussi grosse?

Et sa sœur de répondre à ma place:

— Il y a des gens qui sont faits comme ça.

L'idée qu'on puisse être naturellement constitué «comme ça» les a fait rigoler un peu. C'était bien innocent, mais j'étais littéralement humiliée. Humiliée par des fillettes blondes. Ça, c'était ma vie, ça ne cessait jamais longtemps. Je sentais que je n'avais pas le droit d'être celle que j'étais, et que l'univers entier me demandait de me justifier.

L'été suivant, je suis retournée au camp de vacances en Ontario, toujours accompagnée de la fameuse Méla. Cette fois-ci, nous avions prévu le coup: j'avais apporté une glacière pleine à craquer de pâtes, de barres müesli et de biscuits. J'arrivais là-bas en fraîche célibataire – je m'étais débarrassée de mon rappeur un peu avant, bouleversée par la maladie de ma mère et incapable d'entretenir cette relation –, et j'ai eu un béguin soudain pour un ami d'enfance qui, lui, me préférait une fille encore plus ronde que moi. J'avoue que cela m'a étonnée plus que déçue. Et comme je venais de mettre fin à une autre histoire, ça n'était pas si grave. Imperturbable, un soir, je décidai de me joindre aux autres filles du dortoir dans leur intention de se mettre sur leur trente-six. Puisque chacune puisait dans les valises des autres, je me permis de faire de même et j'empruntai un gilet fleuri en tissu élastique à une copine.

— C'est mon nouveau chandail, Isabel, je l'aime vraiment beaucoup.

— T'inquiète pas, je vais y faire attention.

Le gilet m'allait effectivement plutôt bien. Il était mauve avec des fleurs roses. La soirée allait bon train, nous nous amusions à papoter et à tourner autour des garçons. Mais à un moment donné, il se mit à pleuvoir à torrents. Il pleuvait tellement fort que nous fûmes bien vite complètement trempés. Anticipant les dégâts que ce bain inopiné pourrait occasionner sur ma tenue, je courus pour aller me changer. Quelle ne fut pas ma surprise lorsque je constatai que quelques minutes avaient suffi pour que, par l'effet combiné de la météo et de mon embonpoint, les fleurs imprimées sur le gilet soient complètement déformées ! Mais je veux dire, définitivement déformées. Bon, le gilet ne devait pas être de grande qualité, évidemment. Mais imaginez ma honte quand je l'ai remis à ma copine dans cet état de délabrement ! Il était évident, à en juger par la forme des fleurs, dont certaines étaient passées de jolies violettes à pivoines psychédéliques, que l'étirement fatal avait eu lieu au niveau du ventre et de la poitrine. Visiblement mortifiée, mon amie m'arracha son bien des mains sans dire un mot, mais plus tard, alors qu'elle me croyait trop loin pour l'entendre, je la surpris à se plaindre à ma cousine :

— Isabel est tellement grosse qu'elle a déformé mon gilet favori !

Quelle honte !

Ce que je raconte là, ce sont seulement les désagréments ordinaires d'une jeune fille victime (ou coupable, selon le point de vue) d'embonpoint. C'est vers les quinze ans que je me suis sérieusement mise à engraisser. J'avais un nouveau copain et j'en étais très amoureuse. Il était, contrairement à moi, d'une physionomie tout à fait athlétique ; s'il mangeait beaucoup parce qu'il était en pleine croissance et qu'il dépensait énormément d'énergie à pratiquer plusieurs sports, moi, je mangeais toujours par habitude, par gourmandise. Nous allions souvent au restaurant, ou alors nous soupions ensemble chez l'un ou chez l'autre, devant un film. Très souvent, nos repas étaient constitués de poutine, de chips, de biscuits... Parfois des trois en même temps ! Nous nous faisions des quantités démesurées de pâtes au Cheez Whiz et à la crème de tomate en boîte, que nous couvrions de sel. Même en suivant cet abondant régime, mon petit ami n'engraissait jamais. Être forcé de faire attention à son tour de taille ne faisait pas partie de son univers. Moi, j'aurais dû y penser un peu plus. Mais quand j'étais avec lui, cela ne me traversait même pas l'esprit. Je riais, je mangeais, j'aimais. Ça me suffisait amplement.

Il était rare que je dîne à l'école, mais le soir, à la maison, je m'empiffrais comme ce n'était pas permis. J'avais en effet pris cette mauvaise habitude. Je déjeunais à peine et je m'astreignais à ne pas dîner, me contentant le plus souvent, durant la journée, d'une barre de céréales. Je me trouvais grosse et je croyais que de sauter des repas allait aider ma cause. Mais durant l'après-midi de cours, je n'arrivais plus à me concentrer tellement j'étais affamée. De sorte que, une fois l'heure de souper arrivée, et parfois même immédiatement en rentrant à la maison, je mangeais sans m'arrêter, incapable de contrôler mon appétit, me gavant de pâtes, de fromage, de salades abominablement crémeuses, de charcuteries... Je pouvais absorber les mêmes quantités que mon colosse de père!

Et dans ma chambre, tard la nuit, je grignotais des graines de sésame frites et du chocolat. Mes parents ne voyaient pas tout, évidemment: j'étais très astucieuse. J'attendais de n'entendre plus un bruit, je me faufilais à travers les couloirs sur la pointe des pieds, j'ouvrais le frigo avec une infinie précaution. Une nuit, je me rappelle avoir mangé un sous-marin de douze pouces à la charcuterie et au fromage, un sandwich aux œufs couvert de mayonnaise, un autre sandwich au saucisson de bologne et au Cheez Whiz, un bol de chips BBQ et un brownie, le tout arrosé de litres de lait. Et ce, en moins de dix minutes, car évidemment j'avais peur de me faire prendre. Il m'arrivait de m'empiffrer au point de ne plus pouvoir respirer. J'enfilais crème glacée, petits gâteaux de marque Vachon, biscuits au beurre d'arachide, aux pépites de chocolat ou à l'érable, sandwichs au beurre, aux charcuteries, au Nutella, aux chips, même! J'ouvrais les armoires comme une forcenée, à la recherche de nourriture, de sel, de crème, de gras. Je buvais du miel, de la crème fouettée, de la mélasse. Je mangeais de la cassonade à la cuillère, des guimauves fondues dans du beurre, des craquelins au fromage et même des pâtes alimentaires crues, que je suçais jusqu'à ce qu'elles deviennent molles. C'était dément.

Un déclic se faisait dans ma tête: dès que je voyais de la nourriture, je considérais l'opportunité de la manger. Mes glandes salivaires s'activaient et plus rien d'autre n'avait d'importance. J'étais réellement conditionnée. À quoi je pensais alors? À rien. Rien du tout. Qu'au désir pour les saveurs et les textures, pour la sensation du sucre dans ma bouche et celle du beurre fondant dans ma gorge. Que l'obsession d'un vide à l'intérieur que l'on doit remplir. Remplir de quoi ? Pas certaine. Une sorte de réflexe de bête survie, comme si le corps avait eu à se priver durant une longue période de temps. Alors on mange jusqu'à se dégoûter soi-même.

En plus, je ne faisais absolument aucun sport. À l'école, je ne fréquentais plus du tout mes cours d'éducation physique. Très souvent, je ne me présentais en classe que pour m'esquiver quelques minutes plus tard avec des copines. Nous allions ensuite nous cacher dans les vestiaires, nous faisions du grabuge, prenions des photos rigolotes et fumions des cigarettes tout en écoutant de la musique punk. Parfois, j'allais en ville, au centre d'achat... au McDonald's, pour être honnête.

Si personne ne pouvait m'accompagner, je me réfugiais à la bibliothèque ou dans le local du journal étudiant, pour lequel j'écrivais régulièrement des articles. D'ailleurs, faire partie du journal a été une expérience très positive pour moi, en plus d'être une excuse en or pour manquer d'autres cours que j'aimais moins. Aucune de mes amies n'était intéressée à participer, mais moi, comme j'adorais écrire depuis toujours, j'ai posé d'emblée ma candidature. J'ai présenté un article et on m'a embauchée pour être chroniqueuse dans la rubrique « Arts et spectacles ». Certains de mes textes ont même été publiés dans le journal local. Je faisais des entrevues avec des artistes de passage en Abitibi, plus ou moins aimés, plus ou moins controversés. C'était un hobby très plaisant et ç'a certainement contribué à me garder accrochée à l'école.

Je ne peux pas dire avec certitude combien je pesais à cette époque, puisque je refusais systématiquement de monter sur le pèse-personne. J'imagine que je devais faire à peu près 180 livres (82 kilos). On m'invitait parfois à aller disputer une partie de baseball ou de tennis. Mais je disais toujours non, prétextant que je n'étais pas le genre de fille à jouer avec les garçons... Ce qui était totalement faux, vous l'aurez compris. Mais l'excuse fonctionnait à merveille. Et ça m'évitait d'avoir à bouger, parce que j'avais honte à chaque mouvement de mon corps pesant et inathlétique. J'avais honte de ma graisse qui se balançait d'un côté et de l'autre quand je courais, de mes seins qui gigotaient. J'avais honte de la sueur qui envahissait instantanément ma peau au moindre effort que je fournissais, honte du fait que je devenais rouge et que j'avais le souffle court à peine faisais-je un pas où un saut. J'avais peur des plaisanteries, des commentaires, de ma différence.

Mon corps se métamorphosait à vue d'œil. Je devenais de plus en plus grosse. Mon copain appréciait mes rondeurs – il aimait les filles dodues en général –, ce qui était parfait, mais peu à peu je développai en plus des rougeurs et des irritations. Mon corps se couvrit d'eczéma, moi qui avais normalement un teint parfait. J'avais la peau grasse, voire huileuse, et je recommençais à avoir de l'acné. Mes cuisses se frottaient l'une contre l'autre quand je marchais ; les irritations devenaient parfois très sérieuses. Mes vêtements tombaient en lambeaux, je devais les recoudre sans arrêt. Et j'étais toujours fatiguée. Mon corps était carrément intoxiqué. Je peux affirmer sans doute possible qu'à seize ans j'étais devenue obèse. Lorsque je prenais mon bain, je remarquais que mes cuisses touchaient les bords de la baignoire des deux côtés, ne me laissant aucun espace pour bouger. Ma poitrine avait pris des proportions inquiétantes, et j'entendais régulièrement les commentaires surpris des gars à l'école :

— Ah mon doux ! Y as-tu vu la grosseur des...

J'ai terminé le secondaire en 2000. Incapable de me commettre dans des activités sportives, j'étais néanmoins une personne dynamique, et je me suis lancée dans l'organisation du bal des finissants avec une ardeur enthousiaste. J'ai planifié, au sein du comité, l'événement dans ses moindres détails, et j'ai également participé à un numéro chanté devant toute la cohorte des finissants, accompagnée de mes collègues organisateurs. Ç'a été une très belle soirée. Pour l'occasion, je portais une longue robe moulante d'un rouge rubis, et mes cheveux étaient remontés sur le faîte de mon crâne en un chignon de type asiatique. Quand je regarde les photos aujourd'hui, je constate que j'avais beaucoup de courage de me présenter devant tous mes camarades dans une tenue qui me désavantageait autant! En effet, aucune autre robe n'aurait pu mettre à ce point en évidence mes bourrelets. Mais je la trouvais belle et je voulais absolument la porter.

Ce n'est pas d'un point de vue vestimentaire que j'avais réussi mon entrée au secondaire, ni que j'avais conclu cette expérience. Mais ceux qui voudront lire un bilan pathétique et négatif en tout point devront se tourner vers un autre livre. Moi, malgré les moments pénibles et les souvenirs douloureux, je garde de mes études secondaires l'impression d'avoir obtenu en grande partie ce que je désirais y trouver au premier jour, vêtue de ma ridicule jupe écossaise : des passions, des amis, des aventures, et beaucoup de joie, tout compte fait.

Le soir du bal, boudinée dans ma robe rouge, je me souhaitais la même chose pour les années à venir : mystères, passions, rencontres formidables. Ma jeune vie d'adulte m'indique que je suis sur la bonne voie pour réaliser ces rêves. Mais pour commencer, il a fallu traverser d'autres épreuves, et pas des plus faciles.

8

Peu de temps après le bal des finissants – j'avais dix-sept ans –, j'ai quitté le foyer familial. J'étais bien jeune, certes, mais j'étais toujours aussi boulimique d'expériences et de découvertes. J'avais envie de commencer ma vie d'adulte sans attendre. Je crois avoir décidé très jeune que je n'aurais pas une vie typique. Je m'étais donc trouvé un petit appartement tout blanc, en face d'une école primaire, pour me rapprocher du centre-ville et du centre commercial. C'était vieux, petit, et le plancher de la salle de bain était d'un étrange jaune brunâtre, mais c'était mon premier chez-moi et je m'y plaisais énormément.

J'avais un copain, un auteur-compositeur-interprète punk. Fils un peu plus âgé que moi d'amis de mes parents, il me connaissait depuis longtemps sans exactement savoir que des sentiments se développeraient entre nous. Nous avions passé de longues années à nous croiser, à nous regarder de loin, à nous fréquenter sagement, puis, l'adolescence aidant, une mutuelle attirance avait enfin éclos. Mais même si au début tout allait bien, notre relation se détériora rapidement et irréversiblement. J'en souffrais beaucoup et, comme plusieurs d'entre nous le font, je «mangeais mes émotions». La nourriture, en quelque sorte, me rassurait: c'était pour moi un terrain connu, disons. J'étais souvent seule, je travaillais dans une boutique de vêtements et je m'ennuyais royalement. Mon copain travaillant à l'extérieur de la ville, je ne le voyais que rarement. Entre ses visites, qui n'étaient pas toujours agréables, par ailleurs, il ne me restait plus qu'à manger.

Pour comprendre exactement à quel point le mal était profond, on doit connaître tous les détails d'une de mes journées typiques sur le plan alimentaire.

Pour déjeuner, je me servais normalement un ou deux sandwichs au Cheez Whiz et à la charcuterie. J'en étais réellement maniaque. Je rêvais de ne m'alimenter (si c'est le terme juste) que de ça. Je me voyais badigeonner des tranches de baloney sans fin. Pour dîner, je mangeais souvent au McDonald's, ou bien je me faisais de la poutine, de la pizza ou encore des pâtes au Cheez Whiz. J'avais appris à aimer la malbouffe, à mon grand malheur. Je salivais à la pensée de sandwichs McChicken ou d'autres horreurs gastronomiques. Je me faisais toujours quelques snacks durant l'après-midi, généralement constitués de sept ou huit biscuits aux brisures de chocolat ou de croustilles BBQ, parfois les deux en même temps. Il m'arrivait de m'asseoir devant la télévision complètement entourée de sacs de chips, de boîtes de biscuits, de craquelins, de fromage, de charcuteries et de lait. Je m'empiffrais alors pendant des heures, me retrouvant au final complètement recouverte de miettes de nourriture. Pour souper, encore des pâtes au fromage industriel orange, ou encore – une de mes légendaires spécialités – du pain tartiné de Cheez Whiz, surmonté de pepperoni, de bologne et de saucisses hot-dog, le tout parsemé d'une montagne de mozzarella, que je faisais ensuite griller dans un petit four. J'adorais ça! Je raffolais des frites, du Kraft Dinner, des sauces et des desserts

sucrés. Je badigeonnais des tartelettes sucrées de gla-
çage à gâteau, et je recouvrais mes Mae West de crème
fouettée. Tard le soir, je me faisais un deuxième souper.
C'était souvent du poulet frit accompagné de pommes
de terre pilées au fromage, en sachet. Je pouvais manger
cinq ou six morceaux de poulet PFK. Tard dans la nuit,
je mangeais de la crème glacée Rolo, dans laquelle j'ajou-
tais des barres glacées Rolo ainsi que... de véritables
chocolats Rolo! Sans oublier le caramel fondu, comme
si ce n'était pas assez!

La nourriture m'obsédait littéralement, c'était un
cauchemar perpétuel. Je ne vivais que pour manger.
Penser à la nourriture me creusait l'appétit. J'avais toujours faim. Et lorsque je n'avais pas faim, je mangeais tout
de même. Je me réveillais au beau milieu de la nuit pour
me faire une collation. Debout dans la cuisine, avec
comme seul éclairage la petite ampoule du frigo, je m'empiffrais le plus rapidement et le plus silencieusement possible. Je mangeais tout ce qui pouvait me tomber sous la
main : cornichons, crème glacée, fromage, pain, tranches
de baloney recouvertes de ketchup, jambon, restes de
spaghetti. Pour couronner le tout, je buvais du sirop
d'érable à grandes gorgées, puis, aussi goulûment, des
litres de lait.

Après un an de ce régime absurde, j'avais pris près de
quarante-cinq livres. J'étais entrée dans le monde de l'obésité morbide. Lorsque j'ai été frappée de ce diagnostic, j'ai
eu la peur de ma vie. Cela ne faisait pas partie des surprises que j'attendais. J'ai beau me nourrir d'aventures
et de découvertes, je suis tout de même quelqu'un qui
aime la routine. J'aime la structure et la logique. Devenir
une obèse morbide m'a fait ressentir la déraison de mon
comportement. Comme si tous les calculs se révélaient
inexacts. J'avais complètement perdu le contrôle de mon
corps. Je m'étais moi-même infligé cet état. Je m'étais
octroyé un handicap. La moindre des conséquences en

a été que j'ai dû complètement changer ma garde-robe. Ma taille de pantalon était passée de 15 à 22. Finies les boutiques de vêtements réguliers.

Des bourrelets sont apparus sur mes hanches et dans mon dos. Mon dos! La partie de son corps que l'on est presque certain de voir toujours rester maigre. Même lorsque je me tenais debout, on ne pouvait pas voir mon nombril. Le bas de mon ventre s'est mis à pendre, mes bras et mes jambes sont devenus immenses. Sans parler de mes seins : mon soutien-gorge, de 36 D, est passé à 38 DDD. Mon corps entier enflait, je commençais à faire de la rétention d'eau. La cellulite a commencé à gruger obstinément les peu nombreuses parties de mon corps qui n'en avaient pas encore été affligées. J'avais chaud en permanence, mes pieds et mon dos me faisaient souffrir, jusqu'à pleurer parfois. Je n'avais plus d'énergie. Je dormais sans arrêt, parfois plus de douze heures d'affilée. J'avais régulièrement des étourdissements, je manquais de souffle même en écoutant la télévision, et j'étais dorénavant incapable de me plier pour appliquer du vernis à ongles sur mes orteils.

Je l'avoue, la génétique n'y a pas été pour beaucoup dans mon problème de poids : je suis devenue obèse par ma seule faute.

Je ne me reconnaissais plus. Et je détestais ce que je voyais. C'était comme si la rondelette Isabel s'était cachée dans le corps d'une femme obèse. Mon visage avait également changé. J'avais un double menton très évident, et mes traits étaient déformés par l'enflure. Mes yeux étaient tout petits, mes joues immenses. Je n'étais pas en santé, donc j'avais le teint terne, les cheveux et les ongles secs, le visage éteint. Je suis alors devenue plus triste que jamais auparavant, je dirais même que j'étais dépressive. Je me suis mise à l'écriture de vers sombres, et j'ai signé un roman dont le qualificatif « noir » est un euphémisme.

C'était l'automne 2001. J'avais dix-huit ans.

9

J'avais dix-huit ans et un événement inattendu arriva à me
sortir de ma torpeur : des gens que personne ne connaissait à Rouyn m'ont approchée et pressée de téléphoner
à Montréal, dans une agence qui cherchait des mannequins taille forte. Ce que j'ai fait immédiatement, vous
vous doutez bien. Ma vie sans cela n'aurait eu aucun sens,
j'avais envie d'essayer. Je voulais du glamour, des photographes, des voyages. Je fantasmais de partir, d'explorer
de nouveaux horizons, de voir de nouveaux visages. J'étais
malheureuse d'être obèse, mais si je pouvais ainsi repré-
senter la femme ronde dans des catalogues, je ne pouvais
pas refuser de mettre de côté mes complexes. Il fallait
le faire. Toute ma vie j'ai cru qu'il fallait tirer le meilleur
de toute situation. Je me disais que de travailler comme
mannequin taille forte était une excellente occasion de
me voir ouvrir les portes du monde de la mode et de la
télévision. Mes aspirations par rapport au théâtre recom-
mençaient à me traverser l'esprit ; je n'avais pas le droit de
ne pas saisir ma chance, il fallait au moins essayer.

J'ai donc signé un contrat avec une agence de mannequins montréalaise. J'étais tellement nerveuse...

Photo que j'ai envoyée à l'agence de mannequins taille forte.
J'ai dix-huit ans (collection personnelle de l'auteure).

À notre première rencontre, l'agent me complimenta, mais ne put s'empêcher d'ajouter qu'un mannequin taille forte est à son apogée quand il porte la taille 13. Je me devais donc de perdre du poids. Je m'empressai de lui en faire la promesse, même si ça n'était pas tout à fait honnête. Je ne savais pas comment j'allais m'y prendre ; la charge de travail m'apparaissait insurmontable. Quelques semaines plus tard, néanmoins, j'eus ma première séance de photos. Cette journée-là, j'ai compris que le métier de mannequin est difficile et exténuant. Rien à voir avec ce que je m'étais imaginé ! Il faut être très patiente, en forme, et solide. On nous demande d'être créative et naturelle tout en tenant la pose. Chaque partie du corps est impliquée, du bout des cheveux aux orteils. Tout doit être en harmonie : la lumière, le *timing*, le photographe et le mannequin. Une session pouvait durer au moins quatre heures. À la fin, j'étais affamée et fatiguée, mais je me rendais compte que l'excitation avait pris le dessus. C'était comme dans un rêve : le photographe, la maquilleuse, les top modèles. J'étais à Montréal, j'étais complètement perdue, mais je m'en fichais. Pour une fois, j'avais l'impression d'être à ma place. J'avais le sentiment profond de faire ce que je devais faire, et je sentais que ce n'était que le commencement. Les autres mannequins posaient pour des magazines de mode ordinaires ; j'étais la seule obèse parmi elles, mais je m'en fichais. Les années de douleur et de peine s'effaçaient de mon souvenir, comme par magie, devant l'objectif de la caméra.

Quand ce fut terminé, j'allai rejoindre mon copain, qui m'attendait depuis le début de l'après-midi dans le parking, à écouter de la musique et à tambouriner nerveusement sur le tableau de bord. Je me rappelle avoir eu la sensation de voler jusqu'à lui : j'étais sur un nuage. Marchant sur le trottoir, observant la ville de Montréal qui me faisait tant rêver, je souriais aux passants comme une véritable touriste. Mon bonheur était sans limite.

Cette séance de photos m'avait rendue légère, moi qui peu de temps avant me sentais si lourde. Un homme assis sur un banc me complimenta spontanément. Surprise, je le remerciai. Comme s'il avait senti que je ne le croyais pas, il me répéta que j'étais magnifique. Je n'ai jamais oublié ce moment. Parce que je le croyais, en fait, je pris ce compliment et le conservai dans mon cœur.

Je n'ai pas travaillé très longtemps pour cette agence. Comme j'avais été incapable de tenir ma promesse de perdre du poids, mon agent avait donné la préséance aux autres mannequins. On m'a offert quelques autres contrats, mais je les ai tous refusés. J'étais de retour en Abitibi, et il m'était difficile de me rendre à Montréal à la dernière minute – les offres arrivaient souvent moins d'une journée avant la séance prévue.

Quitter si prématurément cet univers féerique m'a rendue profondément malheureuse, et je me suis bien vite remise à manger sans arrêt. Je pleurais beaucoup, refusant d'accepter la réalité. Je m'excluais littéralement de la société, je vivais en ermite. J'avais peur d'affronter le regard des passants. Il m'arrivait, en apercevant mon reflet dans la glace, de ne pas me reconnaître. Ce ventre pendant, ces hanches molles, ces immenses cuisses semblaient appartenir à une étrangère. Je connaissais l'embonpoint, mais l'obésité était un nouveau monde à affronter, et c'était une autre histoire. C'était plus que prendre quelques kilos, c'était devenir quelqu'un d'autre.

10

Je m'étais rendue à Toronto avec mon amoureux, le punk
mentionné plus haut. Nous en avions profité pour visiter
Marineland, question d'aller voir les dauphins, un animal
que j'adore. Je portais pour l'occasion une longue jupe
noire. À mesure que je marchais dans la ville, la peau de
l'intérieur de mes cuisses s'est irritée jusqu'à s'arracher.
Encore une fois! Au moment d'aller au lit, j'avais la peau
à vif. Le lendemain, je me traînais comme un pingouin,
les jambes écartées, l'air complètement ridicule. Je n'avais
pas apporté de crème médicamentée dans mes bagages.
Pour guérir cette affreuse inflammation, j'ai dû appliquer
une épaisse couche de gelée de pétrole et passer la nuit
sur le dos, couchée en étoile. Ça a fonctionné cette fois-là,
et j'en étais quitte pour quelques jours encore, si j'accep-
tais de ne porter que des pantalons. Mais je n'étais pas
au bout de mes peines.

Quelques jours plus tard, nous sommes allés faire de
l'équitation dans un superbe ranch. Après quelques
minutes d'attente en face de l'écurie, nous aperçûmes une
jeune fille qui nous amenait deux chevaux, tendant l'une
des brides à mon ami, et l'autre à moi. Nous attendions

que la randonnée commence quand une dame plus âgée, peut-être la propriétaire, nous approcha et lança d'un ton poliment autoritaire :

— Excusez-moi, mais il va falloir que vous échangiez vos chevaux.

Je compris très rapidement ce qui se passait. La jeune fille, habituée de confier le cheval le plus robuste à l'homme et le plus frêle à la femme, avait fait selon ses réflexes sans prendre en considération la stature de ses clients. Mais comme je faisais au moins quatre-vingts livres de plus que mon ami, cette norme ne s'appliquait plus.

Lorsqu'il fut temps que je monte en selle, ils se mirent à trois pour me hisser en me poussant les fesses, ahanant et rugissant d'effort. J'étais déjà montée à cheval assez souvent, et je jugeais qu'une seule personne aurait suffi, mais ils n'avaient pas pris de chance. C'était carrément insultant, et ça commençait assez mal l'excursion. Mais plus tard durant la balade, mon orgueil prit un coup encore plus dur : nous dûmes nous arrêter à plusieurs reprises parce que mon cheval transpirait trop sous mon poids. Imaginez ma honte : faire suer un cheval ! Il était tellement mouillé que je ne pouvais plus le toucher. À notre retour, la même dame se montra très fâchée de l'état de sudation avancé de son cheval, et ne se gêna pas pour me lancer un regard de colère devant tout le monde. J'aurais voulu disparaître.

Tout avait changé en si peu de temps. Il est vrai que je prenais du poids depuis mon enfance, et que le processus du grossissement avait été continu et graduel. Mais l'obésité avait attaqué mon corps farouchement, d'un seul coup, sans crier gare, comme une fulgurante maladie. En quelques mois à peine, j'étais devenue aussi fatiguée qu'une vieille femme, incroyablement limitée dans tout ce que j'entreprenais.

Marcher m'était difficile. Mon surplus de poids ayant contribué à l'affaissement de l'arche de mes pieds, je rentrais très souvent du travail en pleurs, complètement atterrée par la douleur. Aujourd'hui, je constate que jamais je n'ai connu de douleur plus grande que celle occasionnée par l'obésité. C'était comme si on me tordait les pieds dans tous les sens. Je travaillais toujours dans une boutique de mode. Il m'arrivait de grimacer aux clientes, tant j'avais mal.

Mes jambes étaient immenses, et mes cuisses me faisaient mal. En effet, la cellulite est non seulement laide, mais comme elle tend et boursoufle la peau, elle finit par être douloureuse, surtout lorsqu'elle s'est établie depuis longtemps, ce qui était mon cas. Mes fesses étaient larges, plates, et couvertes de cellulite et de boutons. Au cinéma, j'avais du mal à tenir dans un seul siège. Le jour où je me suis rendu compte de cet inconvénient, j'ai eu tout un choc. Ce n'était pas la grosse femme d'à côté, pas l'obèse des *people magazines*, non, c'était moi. C'était moi qui, au cinéma, devais limiter mes mouvements, comme chacun d'entre eux était trahi par le craquement de mon siège, qui soufflait sous ma charge. Après que quelques personnes s'étaient retournées pour voir qui était l'auteur du bruit fatiguant, je passais le reste de la séance immobile, humiliée et ankylosée.

Mon ventre pendait, des hanches au pubis. Du gras tombait sous ma poitrine et recouvrait mon nombril en une masse blanche et flasque comme de la pâte à biscuit, et couverte de cellulite. Ma poitrine était immense. Ça, j'aimais bien, en revanche. En fait, il faut être précise : j'aimais avoir une forte poitrine parce que cela attirait les regards ailleurs que sur le reste du corps. Ça me donnait un air maternel que beaucoup d'hommes aiment et ça me permettait d'offrir au regard des décolletés plongeants (et je dis bien « permettre » : je n'ai jamais usé de ce pouvoir, trop mal dans ma peau que j'étais pour m'exposer ainsi aux regards). J'avais au moins ça, me disais-je. Je trouvais ça féminin, au moins. Mais cette forte poitrine, qui était miraculeusement restée assez ferme et belle, m'incommodait lorsque je dormais sur le ventre.

Sur mes bras, en plus de la cellulite, plusieurs vergetures ont fait leur apparition. Ils étaient toujours froids comme des pièces de viande. Puis il y avait mes épaules. Sans que je sache pourquoi, la forme de mes épaules a toujours été un brin étrange, comme si elles étaient doubles, avec un creux au milieu. Un jour que j'étais chez mes parents, ma mère et moi cuisinions tout en faisant des blagues, comme toujours, rigolant en l'occurrence des lunettes de lecture de mon père, quand elle me toucha les épaules dans un geste affectueux. Rapidement, elle retira ses mains, mal à l'aise.

— Quoi?

— Non, rien.

— Ben là... qu'est-ce qu'il y a?

— Non, non. Rien.

Plus tard, j'allai devant un miroir pour observer ce qui avait tant fait sursauter ma chère maman. J'avais comme une boule de gras sur le dessus de l'épaule, puis une autre un peu plus bas, juste avant que le bras commence. C'était très étrange. (J'ai su plus tard à quoi c'était dû...) Quand j'ai maigri, mes épaules sont devenues ma partie préférée de mon corps, car elles étaient, sinon exceptionnelles, au moins normales. Mais à l'époque, il me restait encore beaucoup de chemin à parcourir pour arriver là, à la normalité.

Je me suis rendue jusqu'à une taille de pantalon 22. Comme il m'était très difficile de trouver des jeans, je portais pratiquement tout le temps des pantalons de travail, lesquels, néanmoins, menaçaient à tout moment d'exploser sous la pression que mes larges cuisses leur imposaient. Comme dans les films burlesques, la raie de mes pantalons se déchirait quand je me penchais. Je devais toujours les recoudre. Sans parler de la couture à l'intérieur des cuisses, que j'ai dû raccommoder un nombre incalculable de fois. Je me revois encore, assise dans la cuisine, à réparer des pantalons larges comme des parachutes... Les longs fils de couture finissaient par me couper les doigts. Pendant longtemps, j'ai porté une épingle de sûreté sur les fermetures éclair de mes pantalons, de peur qu'elles cèdent.

Magasiner, ce qui avait été mon activité préférée pendant longtemps, m'horripilait désormais. Je ne pouvais plus m'habiller dans les boutiques régulières et je refusais de mettre les pieds dans les boutiques taille forte, de toute façon très rares en Abitibi. Alors je m'habillais dans les magasins à grandes surfaces, comme le Wal-Mart. J'y allais seulement lorsque c'était nécessaire. Ma mère m'accompagnait toujours, mais nous étions toutes deux privées de la joie et de la complicité qui marquaient nos sorties auparavant. En douce, alors que ma mère regardait ailleurs, je courais dans le rayon des tailles fortes, je saisissais quelques pantalons que je m'empressais d'aller essayer. Très souvent, je m'obstinais à choisir les tailles 18 ou 20 et, en de maintes occasions, je rentrais à la maison avec des pantalons trop petits, me donnant un look de jambon ficelé. Je ne pouvais supporter de même voir le chiffre 22. Ce chiffre double et rondelet était le symbole de ma honte.

J'étais fatiguée. J'allais au lit complètement à bout de souffle. Je me couchais un peu avant minuit et me levais souvent douze ou quatorze heures plus tard. Mon corps avait du mal à remplir les obligations du quotidien. Je bâillais sans arrêt, je ne m'intéressais plus à rien. Je dormais, travaillais et mangeais. L'écriture était le seul passe-temps qui me restait. J'étais limitée pour tout le reste, ce qui m'enrageait au plus haut point. Incapable d'attacher mes lacets, je devais me soumettre à un pénible rituel afin d'y parvenir : on met d'abord le soulier par terre, puis on entre son pied profondément. Ensuite, on prend une grande inspiration comme pour plonger, on se penche le plus possible, on boucle un lacet. Puis on se redresse, rompu, on reprend son souffle péniblement, et on attache l'autre lacet le plus rapidement possible ; il ne faut pas le manquer, car prolonger cet exercice nous mène au bord de la crise de cœur ! Visage rouge, étour- dissements et asphyxie sont les conséquences habituelles de cet exploit. Tout cela pour des lacets.

J'avais mal au dos. Ah ! comme j'avais mal ! Ma poi- trine, trop pesante, tirait sur tous mes muscles, des épaules aux lombaires. J'avais donc pris un rendez-vous chez le médecin afin de connaître l'origine de ces maux. Un spécialiste qui me confirma que le poids de ma poi- trine exerçait une très forte pression continue sur mes épaules (ce qui avait creusé la chair sous les bretelles du soutien-gorge), mon cou et mon dos, et que je devais me soumettre dorénavant à des exercices de renforcement. Par exemple, quand j'avais trop mal, je me couchais sur une surface très dure et j'y restais le plus longtemps possible. Cette posture, permettant un alignement des vertèbres en plus d'éliminer la pression, me faisait beau- coup de bien. J'ai donc passé de longues heures couchée sur le plancher de bois de mon petit appartement, à fixer le plafond.

Maladroite et incommodée par ce corps démesuré, je tombais sans arrêt, me déchirant des ligaments, me brisant des os. Je suis célèbre auprès de mes amis pour mes spectaculaires chutes. L'une d'entre elles eut lieu en plein centre-ville, alors que je traversais la rue principale devant une foule de véhicules arrêtés au feu rouge, à l'heure de pointe. Je me souviens de m'être littéralement étalée de tout mon long et d'avoir atterri la tête sous une voiture. Je pouvais sentir la chaleur du moteur dans mes cheveux ! Le pire, c'est que je crie toujours quand je tombe, alors impossible de passer inaperçue. Je suis passée maître dans l'art d'avoir l'air ridicule en public.

Une autre fois, j'étais allée à une soirée avec des amis et, à mon retour, au moment de descendre de la voiture, mon pied est resté accroché à la ceinture de sécurité. J'avoue avoir pris toute une débarque! Mes amis s'assurèrent que je n'étais pas blessée avant d'éclater de rire. Étonnamment, mon pantalon était toujours intact, alors il semblait que je n'avais rien de grave. Toutefois, j'étais pressée de vérifier l'état de mon genou, qui me faisait curieusement mal. Une fois à l'intérieur, j'ai enlevé mon pantalon et j'ai eu la surprise de ma vie : mon genou était ouvert jusqu'à l'os! J'imagine que la chair avait simplement éclaté tellement elle était tendue.

Mais ma pire chute arriva il y a quelques années à peine, alors que je nettoyais une fenêtre, perchée sur un bureau. Quand je sautai pour descendre, le ligament de ma cheville subit tellement de pression qu'il arracha une partie de l'os. Je me retrouvai sur le ventre, la bouche ouverte, dans un véritable supplice. Relevant les yeux, j'eus l'horreur de constater que, dans ma chute, j'avais entraîné une bougie allumée qui se trouvait là, et que le feu commençait lentement à danser sur la moquette. De peine et de misère, je rampai jusqu'au feu pour l'éteindre, en tapant dessus avec mes mains nues. Une fois le feu éteint, je m'assis, saisis ma cheville toute gonflée et bleue et, étonnée par la violence de la douleur, je me rappelle avoir pensé qu'il s'agissait là probablement de la pire douleur que j'avais ressentie de ma vie.

Je me suis évidemment retrouvée dans le plâtre pour six longues semaines.

Cette période de ma vie, entre le moment où j'ai constaté mon obésité et celui où j'ai commencé à maigrir, a été très difficile. Je songeais : « Si je continue d'engraisser, je pourrais atteindre trois cents livres, ce qui ferait de moi une obèse invalide qui ne peut travailler hors de la maison. Impossible, tranchais-je. Ce n'est pas moi. Je ne suis pas cette personne... »

J'ai sombré au plus profond de l'abîme. Pendant une longue période, j'ai refusé de voir mes amies. Je ne sortais jamais. Je pleurais, je mangeais, j'écrivais de la poésie et je dormais. Ç'a été une époque obscure ; ma détresse était incommensurable. Il n'y avait plus de lumière, plus de joie, plus d'espoir ni de rêves. Juste une fille obèse qui s'était enfermée dans son monde, dans son mutisme, par refus de s'imposer à la société, d'être ce qu'elle était devenue. J'avais l'impression d'être engloutie par un terrible cauchemar, bien loin de la réalité. Je savais très bien comment me sortir de cet enfer, j'ai toujours été intelligente. « Mange bien, fais de l'exercice. » On me l'a tellement répété, j'aurais dû avoir déjà pris ce tournant. Mais ce n'était pas si simple. Bouger, oui, mais comment, quand seulement marcher nous demande un effort surhumain ? Manger santé ? Je ne savais même pas ce que cela voulait réellement dire. Et mon appétit était si insatiable... Oh, je mangeais du pain multigrains déjà, et des bleuets, l'été, quelquefois. Mais je n'avais jamais aimé les légumes et je ne savais pas très bien cuisiner. J'étais loin d'être motivée. Je tenais à mon ratio de fromage quotidien, à mes pâtes crémeuses et à mes frites croustillantes. J'aimais dormir tard et écouter des films toute la soirée. Je détestais le sport, j'avais rayé les cours d'éducation physique de ma vie et de ma mémoire. Je n'avais aucune énergie, je transpirais sans arrêt et mon corps me faisait souffrir. Je me sentais trop lasse pour agir. Pire encore, je m'en sentais incapable. Je croyais ne pas avoir la force ni le courage de faire quoi que ce soit. J'avais un mauvais métabolisme, des gènes d'embonpoint, j'engraissais d'un rien, j'avais mal partout et j'avais un penchant pour la nourriture grasse et salée. L'idée de me mettre au régime me faisait presque rigoler : jamais je n'y parviendrais. Ça n'était pas pour moi.

Parfois, pourtant, un éclair de motivation m'incitait à faire de l'exercice. Alors, j'allais marcher un peu dans la forêt. J'étais tellement fière de moi que je me récompensais en mangeant un gros sandwich à la charcuterie ou une poutine...

Il s'agissait d'un réel combat. Tous les matins, je devais m'adresser des discours de motivation pour me secouer. « Je vais manger santé aujourd'hui et faire un peu d'exercice... Je vais me rendre au supermarché et acheter des fruits. » Mais toute cette belle volonté fondait comme neige au soleil dès que j'ouvrais le frigo et que je voyais fromage et charcuterie. Tous les jours, la même histoire, la même déception le soir, au moment de me mettre au lit, le ventre gonflé de nourriture, le cœur tout aussi gonflé, et lourd. Parfois, je me trouvais dégoûtante. Je rotais de la charcuterie au point d'avoir envie d'en vomir.

J'ai vécu l'obésité morbide profondément, tragiquement. J'ai souffert des railleries, des moqueries, des regards obliques. J'ai enduré l'inconfort, les blessures, les irritations, la fatigue, le découragement, le chagrin immense de ne pas être comme les autres. Je comprends tellement les gens qui en souffrent aujourd'hui. Je vous assure que je n'ai pas oublié.

Quand j'étais petite, je pleurais dans mon lit, saisissant mon petit corps potelé, répétant : « Je suis comme vous en dessous de ce gras, je suis humaine, toute petite et fragile. J'ai juste une enveloppe de gras. Mais je suis comme vous ! » À dix-neuf ans, je continuais de faire pareil. Avec une haine infinie, je saisissais mon gras, mon ventre, je voulais l'arracher. Je priais pour un miracle. Mais comment aurais-je pu maigrir ? Moi qui n'ai jamais prétendu qu'il faut toujours finir ce qu'on entreprend... Non, moi, c'est plutôt : si je commence quelque chose et que j'aime ça, je continue. Sinon, au diable ! Je n'étais ni persévérante ni patiente.

J'ai dû le devenir.

À l'automne 2001, j'ai déménagé dans un bel appartement ensoleillé en bordure de la forêt. J'avais invité un ami à souper. Alors que j'allais me resservir une seconde assiettée, il me demanda, étonné :

— Encore ? Es-tu sûre que tu en as vraiment besoin ?

J'ignore pourquoi, mais cette question, banale en apparence, me hanta. Plus tard cette soirée-là, j'étais assise par terre dans ma salle de bain, je pleurais. J'avais mal, je me rappelle. J'ai aperçu le pèse-personne à mes côtés, et je me suis mise à le marteler de mes poings crispés. Je voyais mes jambes nues à travers mes larmes et je les trouvais horriblement laides et grosses. Pendant des années, je m'étais changée la lumière éteinte, afin de ne pas me voir nue. Quand j'y pense... J'éteignais précisément la lumière au moment de me changer pour la rallumer quand j'avais fini ; c'était un réflexe au même titre que fermer le robinet après m'être brossé les dents. Comme si un tel agissement était normal.

Ça me brise le cœur d'écrire ces lignes...

Mais je sais que le meilleur est à venir, et il m'a fallu passer par ce triste récit pour pouvoir enfin raconter l'année 2002, qui fut l'année décisive.

Mon année.

11

Ce fut le 11 avril 2002. Je ne sais pas comment l'expliquer et pourtant, on me le demande sans arrêt. Dans mon cas, ce fut une sorte d'éveil qu'on n'attend pas, qui prend par surprise, un éclair qui reste imprimé sur la rétine, une révélation. Un peu comme dans les films quand un personnage se réveille et réalise que ça y est, que c'est son tour d'agir. Il n'y avait pas de musique de fond mais c'était tout comme. La question de mon ami n'y était pas pour rien. Et puis une copine avait réussi à perdre plus de soixante livres, et j'ai eu un choc en voyant combien ses fesses étaient belles, maintenant. Elle avait littéralement fondu! Pendant quelques semaines, je pensais à elle, à son amaigrissement, constamment, presque sans m'en rendre compte. Ça me trottait dans la tête, simplement. Jusqu'à ce que je voie cette fameuse annonce dans le journal de ma ville : « Session gratuite de massage minceur dans une nouvelle clinique santé. » J'ai entendu l'appel. J'ai pris rendez-vous, reçu mon massage et quitté les lieux pour ne jamais y remettre les pieds. Mais ça n'a pas d'importance. Le processus s'était mis en branle.

Ma mère se trouvait au salon, à faire ses éternels mots croisés. J'entrai chez elle dans un boucan terrible, et je clamai :

— Ça y est, maman ! Je vais maigrir pour vrai cette fois ; j'ai envie de le faire !

Elle me regarda pendant quelques secondes puis me sourit gentiment.

— Parfait. Je vais faire de l'exercice avec toi ; j'ai envie de perdre quelques livres, moi aussi.

Ce n'était pas la première fois que je tenais ce genre de discours, et elle le savait. Mais elle a été là pour me soutenir, sachant combien c'était important pour moi. Elle avait séché mes larmes à tant de reprises.

Ma mère n'a jamais fait dans le chouchoutage : elle était franche, directe, parfois dure. J'ai exactement le même tempérament qu'elle. Elle savait quand il était important de dire la vérité sans ménagement. Mais lorsqu'on avait besoin de réconfort, la louve devenait brebis. Elle avait des mains magnifiques, aux ongles toujours vernis impeccablement. Elle venait me rejoindre dans mon lit, se couchait à mes côtés et m'assurait que j'allais grandir, que les choses allaient un jour être différentes. Elle caressait mes cheveux et me faisait rire en imitant la bibite qui grimpe dans mon cou avec ses longs doigts. Ainsi, pour un temps, j'oubliais mes problèmes.

Peu de temps après ma déclaration, je rencontrai une nutritionniste. Elle était grande, mince et bronzée. J'étais tellement mal à l'aise devant elle ! Mais finalement, je pus me rendre compte qu'elle était gentille et respectueuse. Elle m'expliqua sommairement le fonctionnement de mon corps et me recommanda un régime adapté à mon type de silhouette. Puis, elle m'informa de la règle la plus importante à suivre : «Déjeuner de roi, dîner de prince, souper de pauvre.»

Règle d'or qui a fait toute la différence. Il est étonnant de voir à quel point une seule phrase peut parfois changer le cours des choses, parfois toute une vie. Ç'a été mon cas, et cette phrase astucieuse est devenue ma devise pendant plusieurs années. Ma docteure, quant à elle, me recommandait de ne perdre qu'une seule livre par semaine, deux au maximum. C'était décourageant! Elle m'expliqua qu'au début j'allais maigrir plus rapidement, mais qu'après le processus allait nécessairement ralentir. Qu'il allait falloir être patiente et perdre le poids lentement, et plus longtemps j'allais mettre pour maigrir, meilleurs seraient les résultats. J'ai suivi ses conseils à la lettre également.

Et je ne l'ai jamais regretté.

Pendant les premières semaines, j'ai respecté scrupuleusement le régime que la nutritionniste m'avait suggéré. Je n'ai pas triché une seule fois, pas même d'une petite bouchée. Puis, rapidement, j'ai commencé à le transformer, pour le rendre plus à mon goût, mais sans changer les principes de base. J'ai remplacé quelques fruits par d'autres, quelques saveurs, certaines viandes, beaucoup les collations. Je mangeais du pain de blé entier pour déjeuner, de la viande et des légumes pour dîner, et de la soupe pour souper! J'avais droit à une petite collation l'après-midi et je buvais deux litres d'eau par jour – habitude inchangée aujourd'hui, d'ailleurs. J'étais sur la bonne voie. J'avais déjà de bons outils: une nutritionniste et un menu, ma docteure ainsi que les membres de ma famille pour m'encourager. C'était un départ.

Pour mon premier dîner, je m'étais préparé un petit steak de bœuf accompagné de brocoli à la vapeur et d'une salade de carottes râpées. Assise devant mon assiette, je voulais mourir. L'odeur du brocoli cuit me levait le cœur, et mon dégoût pour les carottes était classé non loin derrière, en bon deuxième. Mais comme j'étais affamée, j'ai plongé ma fourchette dans un légume et je me suis mise à manger. À ma grande surprise, ce premier repas santé s'est révélé acceptable. Je découvrais de nouvelles saveurs, de nouvelles textures. J'étais assise seule à ma table, regardant par la fenêtre. J'ai dégusté chaque morceau, mastiquant lentement, me concentrant sur les bienfaits d'une alimentation saine. Quand j'ai eu terminé mon assiette, j'ai su que j'y parviendrais.

J'ai complètement vidé mes armoires et mon frigo, donnant chips, biscuits, croissants et produits congelés à mon entourage. Je ne voulais être détournée de mes desseins par aucune tentation, je désirais mettre toutes les chances de mon côté. Puis, je suis allée faire l'épicerie. J'ai acheté beaucoup de légumes et de salades, des fruits frais, de la viande et des céréales de blé entier. J'étais tout excitée. J'osais enfin faire ce qu'il fallait pour changer ma vie, renverser ma destinée.

C'est un choix que j'ai fait. Ce n'est ni le hasard, encore moins la chance. De la même manière que je suis l'unique responsable de ma prise de poids, je me donne tout le crédit pour mon amaigrissement. J'ai pris la décision de maigrir, un point c'est tout. Quand je remplissais les sacs des mauvais aliments dont je me débarrassais, je n'avais aucun pincement au cœur : je savais que je faisais finalement ce que j'aurais dû faire il y avait longtemps.

Même si cela me rebutait, je savais que je devais me trouver une activité physique. Aucune ne m'intéressait. L'entraînement physique dans un centre sportif aurait été une bonne idée, mais j'avais une peur bleue de me montrer en public. Être la grosse du gym, celle qui a l'air folle dans ses pantalons trop serrés, celle qui transpire à rien, non merci ! De toute façon, je n'étais pas prête à payer pour l'inscription à un centre que je n'étais même pas tout à fait certaine de fréquenter assidûment. Je n'avais pas beaucoup d'argent. Mais j'habitais toujours en Abitibi, une vaste contrée de sentiers et de forêts. La marche s'imposa donc tout naturellement. Parce que c'était facile et gratuit. Parce que je pouvais abandonner sans que personne ne le sache. Parce que j'aimais ça, surtout.

Je me souviens de m'être dit : « Je vais marcher vingt minutes par jour pendant les sept prochains jours. C'est tout. Si je ne ressens pas de bienfaits après ces sept jours, j'arrête. » J'ai alors chaussé mes espadrilles et je suis sortie. Après à peine quatre jours, je marchais déjà trente minutes. J'ai immédiatement adoré le bien-être ressenti, au-delà de toute espérance. Marcher est devenu ma drogue. Je pouvais respirer, penser, rêvasser à mon aise. Je pensais à moi, à mon passé, à mon futur. Je pensais à mes rêves, aux voyages que je voulais faire, aux endroits que je rêvais de connaître. Je me sentais revivre. Mon souffle s'améliorait, mon visage reprenait des couleurs. Et ce, en seulement quelques jours.

La première semaine a été un véritable succès. À la fin, j'entrai au pas de course chez mes parents en criant :

— J'ai perdu quatre livres !

Mes parents sourirent, mes frères me couvrirent d'encouragements. J'allai m'asseoir au salon, en bas. Je savourais mon bonheur. J'avais réussi. J'avais maigri. Seulement de quatre livres, bien sûr, mais, vous vous rendez compte : c'était la première fois de ma vie que je perdais du poids ! Chaque livre de perdue est une victoire en soi. J'ai toujours pensé ainsi. On ne me l'a pas enseigné, je l'ai juste compris.

Même si ça n'était qu'une illusion, je me sentais déjà plus mince. Je me rappelle cette sensation de ravissement intense, rarement ressentie jusque-là. Je me disais : « Est-ce possible ? Je n'ai qu'à continuer ainsi durant la prochaine année et je serai... mince ? »

C'était mon rêve ultime. Celui que je berçais depuis mon enfance. Être mince. J'avais presque peur d'y songer, comme si mettre des mots sur ce but pouvait m'empêcher d'y arriver. Alors, au lieu de rêver, je me suis mise à faire des calculs pour savoir combien de poids je pouvais logiquement perdre dans la prochaine année. Je me suis procuré un journal afin de noter mes progrès, ainsi que des nouvelles chaussures de course gris, bleu et mauve, qui me supportèrent tout le long de ma perte de poids. Elles sont dans un état lamentable aujourd'hui, mais je les ai gardées, en souvenir. J'ai ensuite pris mes mensurations et j'ai annoncé à mes proches que, selon toutes les probabilités que j'avais soigneusement répertoriées dans mon cahier, j'allais être mince, bientôt.

Pour de vrai, cette fois-ci.

12

J'ai perdu trois livres la semaine suivante. Je suis donc passée de 232 livres à 225 livres en seulement deux semaines. Ç'a été toute une motivation, je peux vous le dire. Voir descendre les chiffres, ceux que je détestais tant, me faisait vibrer de bonheur. Chaque jour sans exception, je marchais et je respectais mon menu. J'étais toujours aussi décidée. Je prenais plaisir à découvrir de nouvelles saveurs, de nouvelles recettes. Je mangeais beaucoup de viande grillée, et des salades de toutes les sortes. J'adorais les crêpes aux fruits pour souper et les potages, que j'avais appris à me concocter.

Cela dit, en ce qui concerne la satiété, ces deux premières semaines ont été les pires. J'avais très faim, surtout le soir. Mais je voulais transformer mon organisme, je tenais à ce qu'il s'habitue à manger plus le matin et moins le soir, comme me l'avait prescrit ma nutritionniste. Quand je me couchais le ventre vide et que j'avais envie de manger, je me rappelais que mon corps était en plein processus d'adaptation et que je me devais d'être patiente. Puis, je pensais au bon petit-déjeuner que j'allais m'offrir le matin suivant. Ça m'a aidée à tenir le coup.

L'une de mes photos préférées. À Vancouver, à 150 livres, preuve
de la beauté d'une femme ronde (photo : Lissa Lloyd).

J'ai perdu treize livres durant le premier mois de mon régime. Treize livres! Je n'en revenais pas. Descendre sous la barre des 220 livres en un mois m'a donné la motivation ultime, je crois. Rien n'allait m'arrêter dorénavant.

Deuxième mois. Je n'avais pas perdu une once... de ma détermination! Il s'agissait de ma mission, c'était la raison pour laquelle je me levais chaque matin. Je marchais maintenant de trente-cinq à quarante-cinq minutes par jour, et j'avais incorporé les poids et haltères à ma routine. Au réveil, je me servais un bon déjeuner constitué de pain de blé entier avec de la confiture sans sucre ou du fromage sans gras, ou encore un gros bol de céréales, du gruau, des œufs... Je mangeais toujours beaucoup, afin de me donner le plus de carburant possible pour le reste de la journée. Je n'ai jamais aimé le café, alors je buvais de l'eau. Puis j'allais au travail ou à l'école (j'avais repris les cours à temps partiel, j'étudiais la biologie). À mon retour, je prenais une collation, je sautais dans mes chaussures et j'allais marcher avec entrain durant trois quarts d'heure. Je faisais ensuite des séries d'exercices de musculation tout en préparant le souper. Je sautillais sur place pendant que les pâtes cuisaient ou je contractais mes abdominaux devant la télévision, pendant les pauses publicitaires. Je restais toujours active.

Je m'étais procuré un mini-trampoline. Chaque jour, je faisais jouer une chanson endiablée que j'aimais, et je sautais sur le trampoline au rythme de la musique. Quelques heures plus tard, je recommençais. Et ainsi de suite, toute la journée. J'avais posé le trampoline entre le salon et la cuisine : impossible donc de l'éviter en passant d'une pièce à l'autre. C'était facile, mais ça devenait très rapidement un bon exercice cardio-vasculaire. J'ai beaucoup aimé m'adonner à cette activité enfantine et rigolote.

Parmi mon nouvel attirail figurait aussi un ballon d'entraînement. Mais ça, j'ai eu beau essayer de m'y intéresser, m'acharner même, je n'ai jamais réussi à m'y faire.

Les ballons sont excellents pour travailler les muscles stabilisateurs. Mais après être tombée à quelques reprises, je me suis lassée et je l'ai finalement rangé l'objet derrière la porte de ma chambre, jusqu'à ce que je m'en débarrasse dans une vente de garage.

Finalement, je m'étais acheté des poids à velcro que l'on porte autour des poignets ou des chevilles. Je les portais durant mes marches quotidiennes, en plus de la musculation que je faisais le soir en rentrant à la maison.

J'ai perdu douze livres le deuxième mois. J'étais folle de joie! Le pèse-personne affichait maintenant 207 livres. Je savais que si je continuais ainsi, la balance allait descendre sous les 200 livres au cours du mois suivant. Déjà?

Mes gilets ont commencé, petit à petit – sans mauvais jeu de mots! –, à être trop grands, mes pantalons sont devenus beaucoup plus confortables, et j'ai été heureuse de constater après peu de temps que mes capacités respiratoires s'amélioraient. Maigrir est un changement physique, oui, mais plus encore, émotionnel. Ces longues heures que j'ai passées seule m'ont appris sur mon être, mes goûts, mes opinions et mes aspirations. Ç'a été plaisant de découvrir en profondeur cette merveilleuse machine qu'est le corps humain, et de mesurer ce qu'on peut en faire, jusqu'où on peut la pousser lorsqu'on en prend vraiment le contrôle... J'ai beaucoup réfléchi, beaucoup compris, beaucoup vieilli en marchant dans les bois. Si un ami me demandait conseil, je répondais invariablement:

— Je vais y penser pendant ma promenade, je te reviens là-dessus.

Il m'arrivait même de choisir d'avance mes sujets de méditation. Je décidais d'approfondir ma pensée sur tel ou tel sujet, revoyais mes positions sur tel ou tel débat, en élaborais à propos d'une nouvelle notion... Pour tenir le coup physiquement, je m'obligeais à faire en sorte que mon esprit vagabonde. Sinon, je me mettais à songer trop concrètement au présent, au fait que j'avais un peu faim, ou un peu mal aux pieds... qu'il faisait froid et que j'étais peut-être tentée de rentrer. Mes voisins m'ont vue marcher sous la pluie ou la neige, parfois jusqu'à très tard le soir, recouverte de dix épaisseurs de vêtements, coiffée d'une tuque noire trop grande et attifée de longs bas de laine qui dépassaient de mes espadrilles. Parfois, je rentrais vite fait à la maison pour aller aux toilettes et je retournais finir ma promenade aussitôt. Rien ne m'arrêtait. Pas même la rencontre de bestioles dans la forêt. Pas même les cors aux pieds ou la fatigue. J'avais un besoin impératif de marcher. C'est mon corps qui me le demandait.

Je n'ai jamais marché avec des écouteurs sur les oreilles. J'aimais entendre le bruit de mes pas sur le gravier. Ou encore le chant des oiseaux. Je m'entourais du foisonnant silence de la nature pour me concentrer, pour apprécier davantage mon effort.

Le troisième mois également a été mémorable. J'avais perdu dix livres de plus, ce qui a fait, comme je l'avais prévu, que j'ai franchi à rebours le cap des 200 livres. Ainsi, faire partie des « 200 et plus », c'était fini, et pour la vie. Car ne croyez pas que je vais vous annoncer, au détour d'une page, que j'ai craqué, fait une rechute, que j'ai eu du mal à maintenir le rythme, que comme pour arrêter de fumer il faut s'y prendre à plusieurs reprises et que j'ai dû essuyer des défaites atterrantes. Non. Le récit que je vous fais pourra vous sembler linéaire, mais c'est le signe de mon succès : jamais de tout ce temps je ne suis redevenue obèse. J'ai bien pris quelques livres quelques années plus tard (j'y reviendrai), mais jamais je n'ai perdu de vue mon objectif à partir de ce moment-là, et à aucune occasion par la suite je n'ai senti que je perdais le contrôle, ou que ma volonté flanchait.

J'étais debout dans ma minuscule salle de bain grise, les mains sur la bouche, les yeux humides. Voilà, j'étais entrée dans un autre monde. Ou plutôt, j'y étais revenue. Enfin !

J'adore la mode, les vêtements, les tissus, les couleurs, les accessoires... En maigrissant, j'ai vu les portes des boutiques qui me plaisaient s'ouvrir devant moi. À l'été 2002, je portais de nouveau la taille 18, ce qui était beaucoup plus raisonnable. J'avais mis mes immenses pantalons de côté et donné la plupart de mes chandails au comptoir familial de ma ville. Tout était trop grand, même mes sous-vêtements. Je crois m'être procuré mes premières petites camisoles cet été-là. J'étais encore timide de montrer mes bras, mais comme j'en avais marre d'avoir chaud ! Je les portais donc pendant mes promenades en forêt, enchantée de pouvoir sentir le vent et le soleil sur ma peau. J'avais oublié cette sensation si douce, un peu comme une caresse dérobée. Je levais mes bras vers le ciel et je respirais profondément, les yeux fermés. Je savourais ma victoire par tous les pores de ma peau.

Tout l'été, j'ai marché, et même couru dans la forêt derrière la maison de mes parents. Je me rendais le plus loin possible, puis je revenais. À mon retour, je me détendais pendant quelques minutes, puis je décidais si j'y retournais ou si je rentrais chez moi. La plupart du temps, je retournais marcher ! J'étais encore très grosse, et courir me demandait un effort surhumain. Au début, j'étais incapable de couvrir la distance d'à peine trois cents mètres qui me séparait de mon voisin. Je m'arrêtais, éreintée, au bout de quelques secondes. Mais tous les jours, je me poussais à me rendre plus loin. Vingt secondes de course, trente, quarante secondes... Je m'améliorais rapidement. J'étais très persévérante. J'étais surtout déterminée à montrer à mon corps que c'était moi, le patron. Je courais dans un sens, puis je revenais sur mes pas pour courir dans l'autre. Je voulais réveiller mes muscles, les faire travailler, les inciter à prendre le pas sur la graisse. Un dimanche que j'avais mangé des frites, j'étais sortie pour mon jogging, et tout ce que je me disais en courant était: «Vas-y, Isabel, brûle les frites, brûle les frites, brûle les frites...» Ça marchait! Ça m'encourageait, comme si un entraîneur avait poussé des exclamations dynamisantes à mes côtés.

J'avais l'immense privilège de pouvoir m'entraîner en forêt. Des centaines de sentiers pédestres s'offraient à moi, j'avais l'embarras du choix. Toutefois, j'aimais bien marcher sur le chemin de gravier juste en face de la maison. Ce n'était pas très long, alors le parcourir est devenu répétitif très rapidement. Néanmoins, le fait que je le connaissais par cœur, jusqu'au moindre petit dénivellement, faisait en sorte que je pouvais m'évader encore plus dans mon imaginaire, ce qui me plaisait beaucoup.

À l'occasion, mon copain et moi, nous nous lancions la balle ou bien allions jouer au basket-ball. J'avais exigé que ces improbables séances de sport ne se produisent jamais en public. Nous allions donc toujours dans une cour d'école vide après les heures de classe ou la fin de semaine. Mais peu à peu, j'ai complètement cessé de penser au regard des autres, aux moqueries. Ma peur s'envolait lentement. Je recommençais à respirer.

Au sein de mon régime strict, j'avais ménagé l'espace pour une tradition: un repas malsain par semaine. Généralement, je m'offrais une poutine italienne pour dîner le dimanche. Je consommais des gâteries, mais sans jamais exagérer. J'avais averti mes proches: c'est moi qui suis au régime, donc c'est moi qui suis en charge. Personne d'autre. Je ne veux ni commentaire ni conseil que je n'aurai pas d'abord sollicité.

Comme j'ai toujours adoré lire, je me renseignais avec appétit dans les livres pour appuyer mes résolutions. Ce n'était pas une corvée pour moi. Je faisais des recherches sur la nourriture et les régimes, sur le corps humain, l'exercice physique et la biologie moléculaire. J'interrogeais ma docteure, qui était très fière de moi et se faisait un plaisir de combler mes lacunes sur le plan théorique. J'en parlais autour de moi, je posais des questions à mon boucher, à la boulangère, au préposé aux fruits et légumes à l'épicerie... J'allais souvent à la bibliothèque : j'étais curieuse d'apprendre et de comprendre ce qui se passait avec mon corps. Je voulais le contrôler, lui en imposer et le faire maigrir, mais toujours sainement. Je voulais connaître son fonctionnement et la valeur des aliments parce que je savais qu'une fois mon poids santé atteint j'allais devoir le maintenir. Je devais donc être prête à anticiper les réactions et les mécanismes.

C'est sûrement à cette époque que j'ai commencé à pouvoir voir mon squelette se montrer sous la chair. J'étais à la salle de bain, me préparant pour une douche, quand je les ai réellement aperçues : mes clavicules. Je me rappelle les avoir touchées et avoir dit :

— Je ne savais pas que j'avais ces os-là, moi...

Pour la première fois de ma vie, j'étais capable de palper mes côtes, leur forme et leur volume. Elles semblaient tellement fragiles ! J'imaginais que le gras qui les avait recouvertes pendant tellement d'années les avait en quelque sorte protégées. D'ailleurs, j'ai traversé à partir de là une longue période durant laquelle je n'endurais plus le poids d'un corps sur le mien...

J'ai perdu soixante livres en six mois. Je me souviens comme si c'était hier du formidable moment où j'ai pu entrer de nouveau dans un pantalon de taille 13. Je me trouvais dans un Wal-Mart en Abitibi. Je n'osais pas essayer une taille si petite, alors j'avais emporté un 15, juste au cas où. Il s'agissait d'un jeans superbe que j'ai beaucoup aimé et qui m'a attiré beaucoup de compliments. J'ai eu le souffle coupé quand je me suis rendu compte qu'il me flottait sur le corps. Alors, j'ai saisi le modèle de la taille en dessous. Je me rappelle avec un sourire en coin que j'essayais d'étirer le tissu avant de l'enfiler, question de me donner plus de chances. J'ai mis une jambe, puis l'autre. J'ai remonté le jeans, puis je l'ai attaché, sans trop de mal. Je me suis regardée dans la glace… et j'ai pleuré. Je l'avoue, mes yeux se sont remplis d'eau et j'ai remercié le ciel. Quel accomplissement! Je me trouvais tellement belle. Je me suis rhabillée et je suis sortie de la cabine d'essayage à toute vitesse pour montrer le petit pantalon que je tenais dans mes mains à mes parents. Mon père, surpris mais secrètement heureux, je le sais, me demanda:

— Es-tu certaine qu'ils te font, ces jeans-là? Ils sont minuscules.

Gloussant de plaisir à ce mot, je répliquai:

— Je te le jure! Je viens tout juste de les essayer. Je peux aller les remettre si tu veux!

Au mois de février, à Abbotsford, près de Vancouver, à 135 livres (collection personnelle de l'auteure).

Ç'a été l'un des moments les plus mémorables des trois années qu'a duré ma perte de poids. Dans ma tête à moi, j'étais mince. De retour à la maison, j'ai enfilé les jeans et je me suis regardé les fesses pendant de longues minutes. Elles étaient encore assez larges, mais elles commençaient à prendre une forme et un tonus acceptables, agréables, même, je dirais. Puis, j'ai mis de la musique et je me suis mise à danser. Comme le font les belles filles dans les films pour adolescents. Je dansais devant mon miroir, je me regardais, et j'étais heureuse.

13

La première étape de ma perte de poids avait été traversée, mais une telle entreprise en compte plusieurs. Les 180 livres furent un cap très difficile à franchir, le premier, en fait. Au début de mon régime, mon corps réagissait bien, les progrès étaient très évidents. Mais à 180 livres, justement parce que ç'avait été mon poids pendant une bonne partie de mon adolescence, mon corps s'est rebellé, comme s'il se sentait à l'aise d'être de retour à ce poids qu'il connaissait si bien. J'étais frustrée, je l'avoue.

Quand j'étais adolescente, un des amis de mon frère – un gars musclé et très en forme – avait un jour lancé en rigolant devant nos amis :

— Que je ne voie jamais une femme qui pèse 180 livres! C'est *anormal*!

Je m'étais rentré la tête dans les épaules, consciente que mon propre poids devait tourner autour de ce nombre. Des années plus tard, aux prises avec ces mêmes chiffres sur la balance, j'avais à nouveau honte, malgré une perte de poids non négligeable de 52 livres. Soudainement, je me trouvais grosse à nouveau ; le passé refaisait surface. J'enrageais contre mon corps, qui semblait refuser de maigrir. Je me disais : « Devrai-je peser 180 livres toute ma vie ? Est-ce le poids que mon corps a choisi ? » Heureusement, après avoir compris qu'il fallait que je déstabilise mon corps, encore une fois, avec de nouveaux exercices ou encore une nouvelle routine, je franchis finalement le cap de l'horreur – comme j'aimais bien l'appeler – des 180 livres.

À la mi-octobre 2002, après avoir perdu soixante livres, j'en pesais 172. Satisfaite de ma nouvelle apparence, j'ai pris la décision de ralentir ma perte de poids. Je mangeais toujours aussi sainement et j'allais marcher tous les jours. Mais disons que je ne me poussais plus à bout. Deux mois plus tard, aux fêtes, j'avais perdu sept livres supplémentaires sans trop d'effort. C'est à ce moment-là que j'ai décidé d'arrêter de maigrir. Je me sentais tellement bien dans ma peau, tellement mince et jolie ! Mais 165 livres, ce n'est pas un poids acceptable dans notre société, il faut croire, car beaucoup de gens de mon entourage s'étonnaient que je m'arrête là et croyaient que je devais en perdre plus. Je souris aujourd'hui en repensant au genre de conversation embarrassante que j'avais avec eux à l'époque.

— Alors, combien de poids as-tu réussi à perdre jusqu'à maintenant ?

— Soixante-sept livres.

— Wow, félicitations ! Et combien te reste-t-il à perdre ?

— J'ai terminé, en fait, pour le moment.

Un silence gêné suivait immanquablement cette déclaration scandaleuse.

— Tu as terminé ?

— Oui... pour le moment. J'aime bien mon apparence, je n'ai plus envie de maigrir.

Silence renouvelé.

— Ah... OK, c'est ton corps, après tout, c'est toi qui décides...

(Comme si je ne le savais pas déjà !)

Mon frère David a toujours été très beau. Les yeux turquoise, le nez droit, la bouche pulpeuse et des cils encore plus longs que les miens. Nous ne nous ressemblons pas vraiment, mais nous nous plaisons à préciser que nous avons en commun la même dentition de requin et des taches de rousseur l'été. Quand nous étions adolescents, mes copines étaient toutes amoureuses de lui. Mais lui, il ne s'en rendait jamais compte. Quand elles m'appelaient et me demandaient, suppliantes, si elles pouvaient me rendre visite, elles s'assuraient toujours avant tout que mon frère était à la maison. Un soupir de déception se faisait invariablement entendre lorsque j'annonçais la terrible nouvelle de son absence.

— OK, je vais venir quand même...

Lui et moi, nous nous étions rendus un soir à la pizzeria. Endroit de prédilection des camionneurs, la Pizzeria d'Amos n'a rien de glamour. Des banquettes rouges de la première époque et un service digne des séries télé des années 1980. En revanche, c'est le seul resto ouvert vingt-quatre heures dans ma ville, et on y sert la meilleure pizza au monde – rien de moins, je le jure –, de sorte que tous la fréquentent assidûment.

David et moi aimions parler pendant des heures, et il nous arrivait souvent de nous rencontrer là pour relater le passé, analyser le présent, rêver de l'avenir... Nous créions mondes imaginaires et voyages idylliques, oasis de paix et ambitions communes, tout en réinventant une société meilleure.

— Je suis tellement fier de toi, ma petite sœur.

— Merci. Je me sens tellement bien!

— Ça paraît. Lâche pas.

David commanda un café, je pris un verre de jus.

— J'ai l'intention de prendre une pause. J'aime bien mon apparence maintenant.

— Pas de problème, en autant que tu gardes tes bonnes habitudes.

En tant que culturiste, David était toujours de bon conseil, m'encourageait quand j'en avais besoin, me motivait en me tenant au courant des dernières astuces ou de nouvelles stratégies d'entraînement. Près de nous était assise une jeune femme qui devait peser pas loin de 300 livres. Elle avait commandé des boissons gazeuses, des frites et une pizza. Lorsqu'elle mangeait, de la sauce coulait sur son menton, et un bruit agaçant de mastication pressée venait de sa bouche. David me surprit en train de l'observer.

— Tu sais, Isabel, dans la vie, on a toujours le choix. Toi aussi, tu aurais pu prendre des frites et tout et tout, et je suis sûr que si on retournait dans le passé tu serais en train de le faire. Mais tu as choisi de prendre ta vie en main. Tu as compris la clé de la réussite. Il faut le faire, tout simplement. Pour soi-même et personne d'autre. Ça semble incroyablement simple et difficile tout à la fois. Mais c'est ça, le secret. Il faut le faire.

Il avait raison. Et tout bonnement, un soir de pizzeria, il avait résumé mon combat en cette formule brillante : maigrir, c'est choisir. Je me sentais comme ça depuis un an ; sans arrêt, des questionnements, des hésitations me venaient. Il fallait trancher, opter pour ce qu'il y avait de meilleur pour moi. Chaque matin, en me levant, je prenais la décision de continuer. Et c'est comme ça pour tout le monde qui entreprend une cure, ou n'importe quel autre projet. Personne ne peut faire les choses à notre place. Pour savoir si quelqu'un est prêt à perdre du poids, il suffit de lui faire passer ce test : alors qu'il est affamé, on le place devant une pizza dégoulinante de fromage fondu et un bol de riz brun aux légumes. Si son choix s'arrête sur la pizza, il n'est pas prêt à maigrir. En effet, perdre du poids, c'est contrôler à cent pour cent ce qui entre dans son ventre. Il faut maigrir pour soi-même, sans jouer à cache-cache. Moi, quand j'avais envie d'une gâterie, je me l'offrais, mais jamais en cachette. M'assumer me rendait encore plus forte.

À Noël, je portais une longue jupe rouge moulante, qui rappelait un peu ma robe de bal de fin d'études. Mais cette fois, c'était autre chose : j'étais enchantée, je me sentais légère, différente. Tout était devenu plus évident, plus facile. Certains de mes tracas avaient disparu, les pleurs se faisaient de plus en plus rares ; ma vie était meilleure. L'époque était révolue où je traversais l'église accoutrée comme un bonbon, honteuse de mes formes, effrayée par les regards.

Ma famille me félicita, mes amis aussi. Certains d'entre eux m'avouèrent enfin que peu de temps auparavant, ils s'étaient fait beaucoup de souci pour moi. Ils n'avaient pas osé m'en faire part à ce moment-là. À part moi, je me disais que d'exprimer leurs inquiétudes n'aurait pas fait une grosse différence : la décision de maigrir, j'avais eu besoin de la prendre moi-même.

L'année 2003 commença brutalement pour moi : par une rupture amoureuse. Le matin du premier janvier, je retrouvai mon appartement vide, et ce fut un choc. Ça faisait longtemps que ça ne fonctionnait plus, entre le punk et moi. On ne voyait absolument pas la vie de la même manière, et je le trouvais beaucoup trop extrémiste, trop radical dans ses opinions. Dans la nuit du 31 décembre, il était venu ramasser ses affaires. C'est ainsi qu'une longue relation s'est terminée. Mon réveil fut horrible ; je pleurai toute la journée, et ce, même si j'avais moi-même plus ou moins provoqué cette séparation. Mais j'allais avoir vingt ans, et je savais qu'un avenir meilleur m'attendait. J'avais confiance en la vie, et j'envisageais ma nouvelle existence avec un réel enthousiasme. J'avais fait le plan de déménager à Montréal, pour poursuivre ma jeune carrière de mannequin, et surtout parce que je sentais l'appel de cette ville aux cent clochers depuis des lustres, mais c'est finalement à Rouyn-Noranda que je me suis retrouvée. Montréal allait attendre un peu, j'avais encore à faire en Abitibi.

14

Je m'étais déniché un grand deux pièces en plein centre-
ville de Rouyn. J'habitais au premier étage et mon petit
balcon donnait directement sur le trottoir. De l'autre côté
de la rue se trouvait un arrêt d'autobus très achalandé.
Mes voisins de droite tenaient une station de taxi. Il y
avait donc vingt-quatre heures sur vingt-quatre bruits
de freins et de moteurs, cris et sonneries de toutes sortes.
Derrière, dans la ruelle, s'entassaient les poubelles d'un
restaurant italien populaire. Et finalement, mes voisins
d'en haut, qui étaient aussi mes propriétaires, étaient
des accordéonistes invétérés. Pire : ils aimaient donner
des concerts pour les voisins ! Alors ils s'asseyaient sur
le balcon et jouaient pendant des heures et des heures,
agrémentant de leur musique les chaudes soirées d'été.
Chaque soir, des inconnus s'arrêtaient devant la fenêtre
de mon salon afin d'écouter les virtuoses, et les applau-
dissaient bruyamment et chaleureusement. Mon fauteuil
se trouvait juste devant la fenêtre : pour l'intimité, on
repassera ! Et c'est sans parler des réverbères. Ils étaient
tellement proches que, la nuit, je pouvais lire toutes
lampes éteintes !

Pourquoi alors avais-je choisi cet appartement de rêve ? Parce qu'à quelques secondes de là habitaient mon frère David, sa copine Isabelle – qui allait bientôt devenir sa femme –, ainsi que leur fils Mickaël, mon filleul, qui n'était encore qu'un poupon. J'adore ma famille. J'ai toujours aimé être près d'eux. Ironique lorsqu'on sait que je me suis exilée à l'autre bout du pays pendant une longue période. Mais mes sentiments pour eux sont inébranlables, où que je sois.

Isabelle et moi, nous nous parlions de balcon à balcon. C'était très amusant. Quand il y avait trop de bruit, nous prenions le téléphone mais continuions de nous regarder gesticuler. Les gens devaient nous trouver plutôt étranges. Lorsque nous parlions ensemble, mon frère, incapable de placer un mot, en venait toujours à devoir lever la main pour demander la permission d'intervenir. Ça me faisait rire chaque fois.

J'avais entièrement décoré mon appartement de dauphins. Des affiches de dauphins, une soixantaine de bibelots de dauphins, une immense lampe ultra-brillante au socle en forme de dauphin... C'était épouvantablement quétaine ! Mais j'aimais ça, ça surprenait les gens. Et parmi cette famille d'animaux aquatiques, il y avait Néfertiti, une petite chatte à moi toute seule que j'avais adoptée lorsque ses maîtres avaient voulu s'en défaire. Elle était si petite, si frêle, elle n'avait pas encore quatre semaines. Je devais me lever la nuit pour la nourrir de mes mains. Un lien très particulier s'était ainsi développé entre nous : Néfertiti semblait littéralement croire que j'étais sa mère. Elle a été l'un des animaux les plus fantastiques que j'aie eu la chance de posséder. Elle me manque encore, et ce plusieurs années après que je l'eus caressée pour la dernière fois.

Je pesais toujours 165 livres. C'est étrange à dire, mais j'ai beaucoup aimé ce poids. Car nous sommes un peu une personne différente chaque fois que nous adoptons un corps différent. À cette étape-ci de ma vie, j'étais ronde, voluptueuse. Je pouvais m'habiller dans presque toutes les boutiques, je me faisais autant, sinon encore plus draguer que mes copines, j'étais en forme et tellement fière de moi! J'ai fait la connaissance de beaucoup de monde à cette époque-là. Mes nouveaux amis venaient chez moi le soir, et ils restaient jusqu'à très tard dans la nuit. Nous nous allongions parfois à même le sol pour parler de tout et de rien. Nous nous baladions en voiture ou à pied dans la ville. Je goûtais les plaisirs d'avoir une vie normale. Je sortais avec mes amis, nous rigolions sans arrêt; c'était merveilleux.

Je ne pensais presque plus à mon tour de taille. Secrètement, j'avais l'intention de maigrir un peu plus, mais ce n'était pas pour tout de suite. J'avais envie de vivre le quotidien d'une femme ronde, de revêtir ce costume, juste pour voir. Et c'était très agréable. Je marchais beaucoup, presque tous les jours. Question alimentation, c'était un peu plus difficile. Pour la première fois depuis le début de ma perte de poids, j'avais du mal à résister aux tentations, je flanchais. J'avais beaucoup moins d'argent et, dans ces circonstances, il était difficile de manger santé, ce qui est encore le cas aujourd'hui (comme la crise économique nous le fait remarquer). Je consommais donc énormément de beurre d'arachide et de pâtes alimentaires. Ce qui n'aidait pas, c'est que j'habitais en plein centre-ville, un environnement pollué et stressant. Moi qui suis foncièrement une fille de plein air, dans ce contexte urbain, je voyais ma motivation, tout comme ma vigueur, s'éteindre.

Voilà pourquoi bien vite je me suis sentie obligée de retourner vivre à Amos. J'ai emménagé à côté de chez mes parents, dans un grand appartement aux multiples fenêtres et aux grands balcons. Je travaillais pour la Société canadienne du cancer.

Ma mère allait mieux. Oh, le cancer n'a jamais été réellement guéri, et elle a dû recevoir des traitements lourds de chimio et de radio à quatre reprises, mais elle combattait avec une énergie inépuisable et remontait toujours la pente ; elle connaissait parfois des périodes plus tranquilles. Maman ne m'a jamais laissée l'accompagner à l'hôpital durant ces périodes de traitements, mais lorsqu'elle revenait à la maison, j'étais toujours là pour parler avec elle. Elle avait passé toute la période des fêtes dans un hôpital de Montréal, revenant juste à temps le 24 décembre au soir. Nous l'attendions impatiemment. Elle était arrivée épuisée. Mais après une sieste, elle était venue s'asseoir sur sa chaise berçante, amaigrie et chétive, pour nous regarder, mes frères et moi, ouvrir nos cadeaux de Noël. Nous avions besoin d'elle, ne serait-ce que de son regard bienveillant, pour profiter de ce moment. Ma mère incarnait pour nous l'esprit de Noël.

Depuis sa première tumeur maligne, elle n'avait jamais laissé repousser ses cheveux bouclés. Ses longues mèches me manquaient beaucoup. Mais son nouveau look lui allait à merveille, selon l'avis de la majorité. Je l'accompagnais néanmoins au magasin pour acheter des perruques. J'étais avec elle la première fois qu'elle se présenta en public avec l'une d'entre elles sur la tête. Elle était comme un oiseau blessé, parlant d'une toute petite voix, s'agrippant à mon bras :

— Crois-tu que les gens le savent, Isabel ? Crois-tu qu'ils se rendent compte que ce ne sont pas mes vrais cheveux ?

Elle avait tellement peur. Et moi aussi, j'avais peur. Mais je devais être forte pour elle. Elle en avait besoin.

Le cancer partait, puis revenait, attaquant maintenant ses poumons, elle qui n'avait jamais fumé de sa vie. Ma mère était de nouveau très malade lorsque je retournai à Amos. Mais elle se battait. Elle était forte, obstinée. Elle priait aussi beaucoup. Elle entretenait une foi inébranlable en son Dieu adoré.

Sa voix douce et caressante qui m'avait bercée dès mon jeune âge, et qui m'avait encouragée, rassurée dans les années les plus difficiles de mon adolescence, elle la perdit un beau jour. Elle pouvait toujours parler, mais seulement faiblement, comme si elle avait en permanence un chat dans la gorge. Cela me fâcha profondément. Un bonheur et une tristesse mêlés m'envahirent quand, plusieurs années plus tard, je trouvai un enregistrement de la voix de ma mère, que j'écoutai en boucle en versant des larmes abondantes.

En août, j'ai été embauchée dans une épicerie comme boulangère. C'était risqué, me direz-vous. La chaleur des fourneaux, l'arôme du pain chaud, les pâtisseries, croissants et gâteaux... Eh bien, mécréants, je vous annonce fièrement que je n'ai pas du tout engraissé durant tout le temps que j'ai travaillé à cet endroit. Ne vous méprenez pas : ça été très, très difficile, mais j'ai tenu le coup. Je n'achetais rien, jamais, tout simplement. Que d'inoffensifs muffins et quelques croissants à l'occasion. Non, tenez, j'avoue qu'une fois j'ai craqué. Nous venions de recevoir tout plein de nouvelles gâteries chocolatées pour le temps des fêtes et, comme ma patronne voulait en faire la promotion, elle m'avait demandé d'en offrir des échantillons aux clients. L'une d'entre elles était une boule de chocolat noir remplie de mousse de chocolat au lait très sucrée – du moins à ce qu'on m'en avait dit. Elle me faisait littéralement saliver, c'en était insupportable.

— Tu sais, Isabel, que tu as le droit de goûter aux desserts, afin de renseigner les clients sur le goût, la texture... m'avait dangereusement précisé ma patronne.

Alors, par un après-midi tranquille, je me trouvais dans ma boulangerie, fixant de mes yeux ronds la boule en chocolat que j'avais mise de côté. Elle devait contenir à elle seule près de 800 calories (cela constitue environ le tiers de ce que l'organisme peut absorber en un jour entier, ce qui n'est pas peu dire!). Pendant des heures, je tournai autour d'elle comme un prédateur s'approche, prudent, par cercles concentriques, de sa proie. J'essayais de me convaincre que je n'en avais pas besoin, puis changeais d'idée, me disant que cette petite boule de sucre ne changerait rien à mon tour de taille. Au final, n'y tenant plus, j'ai cédé, mais lamentablement. En hâte, j'ai caché la boule en chocolat dans mon tablier. Je me suis ensuite précipitée dans la salle de bain du sous-sol pour dévorer mon festin le plus rapidement possible, assise sur une toilette. Résultat? Je me trouvais terriblement stupide. De plus, ce petit manège m'avait donné l'impression que je perpétrais un vol. Au final, ce dessert tentateur n'était pas si délicieux que ça. J'avais alors ingéré des calories pour rien! J'étais très déçue de moi. Cet épisode me rappelait ma jeunesse, l'époque où je me cachais pour manger; c'était vraiment déprimant. Par après, je me suis ressaisie. «Ce n'est pas si grave», me suis-je dit. Et la déception que j'ai eue à ce moment-là a fait en sorte que je n'ai jamais recommencé.

Le Noël suivant me vit encore plus élégante et fière que le précédent. Je n'avais pas pris une once. Une ceinture argentée entourait mes hanches. Je portais un chandail élastique noir à motif argent. J'avais même mis une petite fleur bleue dans ma chevelure. Je continuais ma métamorphose: je me sentais de mieux en mieux dans ma peau. Mon visage s'était affiné et je n'avais plus de double menton. Mais surtout, je gagnais en confiance, et tout le secret de la beauté est là.

L'heure du bonheur avait enfin sonné. 2004 s'annonçait glorieuse. J'avais des plans plein la tête. Tout était en place afin que je réalise un autre de mes plus grands rêves: partir.

15

C'est en avril, à l'âge de vingt et un ans, que j'ai vécu l'expérience extraordinaire de traverser notre pays en voiture afin de m'établir dans la magnifique province de la Colombie-Britannique.

Ma petite Toyota Corolla rouge était pleine à craquer de vêtements et de couvertures, de chaudrons et de nourriture, de livres et de produits de beauté. J'avais aussi emporté des piles et des piles de CD. Une télévision cachait partiellement la vue du pare-brise arrière. Un ami m'accompagnait dans la voiture, un autre avait pris l'avion. Une horrible tempête de neige salua notre départ de la belle province, vers les quatre heures du matin, comme pour imprimer une derrière fois dans nos têtes des images de glace, de brouillard et d'embouteillages. J'étais surexcitée.

Le long de la transcanadienne, nous traversâmes une éternellement morne et industrielle Ontario, qui ne me donna ni souvenirs impérissables, ni frissons dans le dos.

— On aurait dû passer par le sud de la province, commenta mon ami.

En pénétrant le Manitoba, j'eus un choc en constatant que les services en français devenaient de plus en plus rares.

— On va vraiment devoir parler anglais, maintenant.

Ça faisait partie du plan. Je ne parlais pas anglais, ou presque (ce que j'avais retenu de mes passages au camp de vacances en Ontario ne suffisait pas à me rendre à l'aise dans une conversation) ; pas plus que la majorité des Québécois de ma génération, en somme. *Yes, no, toaster* et *how are you.* Plusieurs raisons me motivaient à partir, mais l'espoir de devenir bilingue était parmi les plus importantes. J'ai toujours cru, bien que je sois fière d'être québécoise et de notre langue française – la plus belle du monde – qu'il était important de maîtriser la langue de Shakespeare, puisqu'elle est celle du théâtre et celle des affaires tout à la fois. Vu mes aspirations professionnelles, je me devais de mettre toutes les chances de mon côté.

Mon attrait pour l'aventure, ma soif de sensations fortes et d'inconnu étaient les autres motifs invoqués pour partir à la découverte de cette province éloignée qui ne connaît pas l'hiver.

— Je pars pour Vancouver. Seulement pour trois mois.

Le visage de ma mère tomba de surprise, mais elle s'efforça de sourire.

— Qu'est-ce que tu vas faire là-bas ?

— Apprendre l'anglais ! Et puis ce sera chouette de traverser le pays en voiture.

— Et tu vas vraiment revenir dans trois mois ?

— Oui. À moins que les choses changent.

Les choses changèrent en effet...

Nous nous arrêtâmes pour la nuit dans une petite ville du Manitoba. La chambre de motel était minuscule

Dernière photo de toute la séance, prise au dépourvu.
Je l'aime beaucoup (photo : Lissa Lloyd).

et les lits, immenses. Nous devions carrément nous mettre de côté pour passer entre les meubles. La salle de bain était séparée en deux. Une partie avec la toilette et le lavabo, et l'autre avec la douche. Jusqu'à présent, rien de si exceptionnel. Ce qu'il y avait d'étrange, c'est que pour atteindre la douche, nous devions grimper sur un bloc de ciment placé près d'un lit. Nous n'avions jamais rien vu de tel ! Ça paraissait si incongru ! Le lendemain matin, lorsque nous ouvrîmes la porte, une forte odeur de bouse de vache nous remplit les narines. C'était tellement puissant qu'on avait l'impression d'en être inondés. Au moment de rendre la clé, nous demandâmes des explications. On nous tendit laconiquement un feuillet : le festival de la vache commençait, avec ses jeux, ses activités et une étonnante bataille... dans de la bouse de vache ! Tordus de rire, nous quittâmes sans regrets cette ville en nous pinçant le nez, espérant tomber sur mieux la nuit suivante.

La Saskatchewan est longue, très longue, et ennuyeuse. Tout se ressemble, tout est pareil. Des boules de foin traversent la route, poussées par le vent, comme dans les vieux westerns. Des kilomètres et des kilomètres de champs. Une route droite, des vents à écorner les bœufs, puis rien. Le néant. Je n'y ai vu aucun animal, et presque aucun humain. En huit heures de route. Néanmoins, je suis ravie de l'avoir vue. Cette province, complètement différente des autres, fait partie de notre pays, et pouvoir la voir autrement que dans un manuel d'histoire nationale est un privilège.

L'Alberta a été l'hôte de notre deuxième nuit. Notre chambre d'hôtel, cette fois, n'avait rien d'étrange, mais faisait toujours dans le genre rustique : canards et carabines étaient suspendus un peu partout en guise de décor, et les planchers et les murs étaient entièrement recouverts de bois. Nous avons pris quelques minutes pour sauter sur les lits et faire quelques photos, mais nous sommes tombés de fatigue assez vite. Le lendemain matin, nous prîmes notre déjeuner dans un petit restaurant. Je regardais le soleil se lever et je pensais à ma chance. Je savais que ce n'était que le début de l'aventure. À chaque endroit, un nouveau visage, une nouvelle histoire, un sourire inattendu. La gentillesse des inconnus m'étonnait. Mais elle comblait mes espérances. Les paysages étaient à couper le souffle. Mais ce qui m'émouvait surtout, c'était l'émotion de partir, de me retrouver seule avec moi-même, loin de ceux qui me connaissaient. C'était un sentiment si fort et si pur ! Je me payais le luxe d'un nouveau départ dans la vie.

L'Alberta somnole, à première vue, mais il ne faut pas se laisser décourager par les apparences. Plus on va vers l'ouest, plus la beauté se révèle. Elle prend la forme des Rocheuses. Malheureusement, un petit rhume inopiné m'assomma et je m'endormis durant les dernières heures de route qui nous conduisaient à leur pied. J'étais prise dans mes rêves étranges, écrasée contre la portière, lorsque la voix de mon ami, pressante, m'invita à me réveiller :

— Isabel, tu as probablement envie de voir ça !

J'ouvris des yeux encore embrouillés. À mesure que ma vision s'éclairait, je prenais conscience du spectacle formidable qui s'offrait à nous. Les Rocheuses se dressaient là, majestueuses et imperturbables, lumineuses presque. Ce qui était difficile à comprendre, c'est qu'elles n'étaient pas au loin dans l'objectif d'un appareil photo. Elles étaient là, tout autour de nous, ou nous dedans. Il s'agit de la plus belle vision que j'aie eue de ma vie. Je n'avais jamais rien vu d'aussi beau. C'était toucher à la nature, à la puissance même.

Nous nous sommes donc arrêtés pour visiter Banff, une ville touristique de carte postale construite à même les montagnes. C'était absolument magnifique. Puis, nous sommes passés à travers une dizaine de petites villes dans les Rocheuses, plusieurs au bord de l'eau, toutes plus féeriques les unes que les autres. Finalement, je me suis endormie de nouveau, pour me faire réveiller une fois la nuit tombée.

— On est arrivés.

— Déjà?

Ça y était! Nous nous sommes arrêtés pour la nuit dans un motel, mais nous sommes partis à la recherche d'un appartement dès le lendemain matin. Nous installer dans une existence normale, nous faire un petit nid à nous, ne devait pas tarder.

Notre choix s'est arrêté sur un immense appartement très lumineux qui se distinguait par ses poignées de portes anormalement hautes. Bien que mon anglais fût encore sommaire, voire défaillant, j'ai tout de même trouvé un emploi dans une épicerie comme préposée aux fromages et à la charcuterie – tiens, comme c'est ironique : je revenais à mes anciennes passions! Tout le long de l'entretien d'embauche, je m'étais contentée de sourire et de hocher la tête, ne comprenant pas un traître mot de ce que la gérante disait. J'ai tout de même eu l'emploi, ce qui couronnait en quelque sorte mes talents de comédienne.

J'y ai fait la connaissance de gens très sympathiques. J'ai principalement appris l'anglais en écoutant les conversations des filles de mon département, dans l'épicerie ou bien pendant les pauses, dehors, assise à la table de pique-nique. Le soir, je regardais des émissions humoristiques américaines accompagnées des sous-titres, mon fidèle dictionnaire bilingue sur les genoux, faute d'un chat! Quand je ne comprenais pas un mot, je le cherchais. Après à peine deux mois, j'étais capable de participer à une conversation sans avoir à rougir. Je m'étais même fait une copine, une rouquine prénommée Rebecca. Le quotidien devenait supportable, puis agréable, puis indispensable.

Mes parents furent très déçus quand je leur annonçai, avant la fin prévue de mon séjour, que j'avais l'intention de rester plus longtemps. Mais, incapable de se démonter, ma mère décida d'en profiter : elle vint me rendre visite en septembre. Ce fut merveilleux.

En Colombie-Britannique, la population est en très bonne santé et très sportive. Les gens y sont magnifiques, les femmes autant que les hommes. Tous sont blonds et bronzés, les hommes se promènent torse nu et les femmes portent les shorts les plus courts que j'aie vus de ma vie. On y exerce des sports de plein air pratiquement à l'année longue, les activités aquatiques y sont évidemment très populaires, et la plupart des gens font partie d'une équipe sportive ou, du moins, courent ou marchent dans les milliers de sentiers que cette province luxuriante offre. Je me suis laissé embarquer par ce mode de vie sans résistance. Puisque je n'avais pas encore beaucoup d'amis, je passais la plupart de mes soirées à marcher dans les rues de la ville, une horrible casquette sur la tête, mes années de mauvais choix vestimentaires n'étant pas encore derrière moi.

J'étais assise à une table de pique-nique avec mes collègues de travail quand je leur confiai au détour d'une conversation mon habitude de marcher dans mon voisinage.

— Et tu habites où ?

— J'habite tout près, sur 150th Street.

Rhonda posa la main sur son cœur dans un geste d'épouvante.

— Ne savais-tu pas que ce voisinage est en fait l'un des plus dangereux de toute la Colombie-Britannique ?

Évidemment que je ne le savais pas ! Voilà pourquoi mon loyer était si abordable. Pourtant, le voisinage était comme tous les autres, c'est-à-dire rempli d'enfants, de fleurs et d'arbres. Le centre d'achat s'y trouvait, ainsi qu'une bibliothèque et un gym. Mais bon, à partir de ce moment-là, j'ai écouté les conseils de ma collègue et j'ai cessé de me promener dehors le soir. Je me suis plutôt procuré un tapis roulant.

C'était la première fois que je m'entraînais sur une machine comme ça, à l'intérieur, devant la télévision ou en écoutant de la musique. J'ai réellement détesté ça. Je me demande comment font les gens pour tenir. Heureusement, le salon de cet appartement était très grand, et une porte-fenêtre s'ouvrait sur un balcon tout aussi spacieux. J'ouvrais toujours la porte très grand afin d'avoir le plus d'air possible, de me sentir à l'extérieur. Je devais me forcer, me pousser, me motiver à l'extrême pour accepter de monter sur le tapis. Je choisissais la meilleure musique, je me faisais des sermons à voix haute. Parfois, je devenais une animatrice dynamique qui parlait à son mur des bienfaits d'une vie active. C'était très difficile de persévérer. Quand *Qui perd gagne* (une émission de télé-réalité mettant en vedette des gens ayant des problèmes de poids) a commencé à être diffusée, j'étais folle de joie. Je m'entraînais devant la télévision, encourageant les participants, m'encourageant par le fait même. Parfois, j'étais émue de leur cheminement, et mes yeux alors se remplissaient d'eau. Mais ça me faisait du bien. Je comprenais tellement ce qu'ils vivaient.

J'avais aimé être une femme ronde de 165 livres. Mais je vous ai dit que chaque poids est comme un nouveau costume : j'avais envie, à cette époque-là de ma vie, d'essayer celui de la minceur. La vraie minceur. Celle de la finesse, de la légèreté. Et je savais comment. Il fallait juste le faire.

Je marchais ou courais jusqu'à vingt kilomètres par jour, ce qui maintenant m'apparaît un peu excessif. Je mangeais bien, mais je remplaçais souvent la cuisine minceur par des suppléments de repas, comme j'avais une vie très active. J'ai tendance à penser aujourd'hui que je ne me laissais pas suffisamment de pauses, que j'en demandais trop à mon corps. En même temps, comme j'avais passé plus d'une année sans faire d'exercice physique intense, mon corps m'en demandait toujours plus. Ainsi, lorsque mon entraînement était fini et que j'étais dégoulinante de sueur, je sentais souvent le besoin impératif de retourner sur le tapis et de continuer, comme si mon organisme était devenu insatiable. Ça se ressentait comme une forte dose d'adrénaline tout juste injectée. Un surplus d'énergie explosait en moi, alors je sautais sur mes pieds et je faisais des *jumping jacks*, ou encore je me jetais sur le sol et je faisais des séries de redressements assis. Je bougeais sans arrêt, je passais mon temps à chercher des idées de nouveaux exercices. Au boulot, quand je tranchais du fromage, je travaillais mes mollets en faisant des séries de flexions et pointes. Je marchais toujours le plus rapidement possible, je montais les escaliers en courant. Au lieu de prendre une chaise pour atteindre une armoire, je grimpais carrément sur le comptoir. Tout, toujours, était lié à l'exercice. Je me tenais active. Je ne vivais que pour cela.

J'ai perdu trente livres en cinq mois, environ. Je me considérais alors pratiquement mince. Vous trouvez que j'exagère, bien sûr, mais je vous ai dit que je voulais tenter la minceur réelle, flagrante. Selon ma taille et mon ossature, je trouverais mon poids santé entre 110 et 140 livres. À 135 livres, j'étais à l'extrémité du spectre des possibilités. Ce n'était pas assez – même si, la dernière fois que j'avais eu ce poids, j'étais encore prépubère! Je voulais me rendre à l'autre bout du spectre.

Mais arriver à 140 livres a été encore une fois un cap difficile à franchir. Ma dernière bête noire. Ah, elle! Que je l'ai donc haïe! Parce que ça y était presque, parce que la minceur était là, à portée de main mais encore inaccessible. Je pouvais quasiment la toucher, la vivre. J'avais même fait un rêve dans lequel je figurais, toute mince, portant un jeans taille basse. C'est incroyable à quel point je ressemble aujourd'hui à cette version rêvée de moi-même. Mais lorsque je m'étais réveillée, comme j'avais eu peur de ne pas y parvenir!

Lorsqu'on maigrit, le premier but est évidemment d'arriver à un poids santé; c'est ce qui importe avant tout. Parce que je me savais relativement saine, maintenant, je savais que mon corps pouvait arrêter de maigrir. Après tout, il était peut-être fatigué, ou satisfait. Et il était hors de question que je me prive de nourriture. Je m'entraînais comme une folle depuis des mois et j'en avais assez de me priver, de ne pas pouvoir manger des brioches au fromage comme les autres filles de mon département au travail. J'en étais presque jalouse, parfois. Je trouvais injuste d'avoir à me priver, et il me faisait peur de penser que ce serait pour la vie.

Une foule de questions nous viennent lors de moments semblables. Pourquoi? Pour la minceur? Est-ce que ça vaut vraiment la peine? S'entraîner comme une forcenée, transpirer dans les rues de la ville, se priver de la nourriture qu'on aime, devoir sans arrêt calculer et analyser ce qu'on ingère, ce qu'on fait. J'en avais marre. Il m'arrivait de trouver ma quête puérile. Et je me sentais si seule: être la grosse au régime qui mange juste de la salade, être la grosse qui a perdu beaucoup de poids mais qui est quand même la plus grosse. Pourquoi, pourquoi? Et puis la santé, qu'est-ce que ça signifie? Des centaines de gens meurent d'un cancer des poumons sans jamais avoir fumé. Des centaines d'autres meurent d'une crise cardiaque alors qu'ils courent le marathon et font le tour de l'île à vélo chaque année. Pour l'apparence, alors? Ça, c'est vide de sens. Quoi, alors? Parfois, je ne comprenais plus ce que je faisais. Je devais me rappeler constamment mes objectifs: légèreté, finesse… Être comme les autres…
Je voulais être comme ces filles dans les publicités de McDo qui mangent des frites et des hamburgers mais qui

restent belles et minces. Au fond de moi-même, je savais que ces filles étaient des actrices, et bien souvent des mannequins. Mais j'étais frustrée, je redevenais influençable, comme il nous arrive à tous de l'être. Je m'apitoyais sur mon sort, et j'oubliais les miracles accomplis. J'en voulais au monde entier, juste parce que moi, j'avais à me battre pour être mince. J'en voulais surtout aux femmes minces qui n'avaient pas eu à traverser toutes ces étapes pénibles pour l'être.

Mais j'ai compris que le truc pour arriver à bien vivre dans un régime, c'est de cesser de se comparer aux mannequins. Lorsque je perdais de vue mes objectifs, c'est moi-même en mince que j'essayais de visualiser. Personne d'autre.

Lorsque j'ai tout de même réussi à franchir le cap des 140 livres, j'étais fière de moi, mais j'étais exténuée. J'avais trop poussé et, quand je regarde les photos de cette époque, je me trouve très blême. Il s'agit là peut-être d'un côté plus sombre de ma perte de poids. Cette souffrance... elle reste là très longtemps. On souffre d'être grosse, puis d'être une ex-grosse. Car tout le monde se mêle de nous le rappeler : « As-tu eu du mal à y arriver ? As-tu un surplus de peau ? Craques-tu, parfois ? » Ça semble faire partie du contrat... On me lance parfois un regard oblique, aujourd'hui, quand je refuse de me joindre au groupe qui va au McDo. On roule parfois des yeux quand je ne veux pas manger de pommes de terre. Et on ne comprend pas quand je dis non aux boissons gazeuses. Mais c'est comme ça. C'est ma vie maintenant. Mais c'est ma vie de mince, plutôt que ma vie d'ex-obèse. Je préfère penser ainsi.

Je portais désormais des vêtements de taille 8-9. J'ai donc dû vider complètement ma garde-robe. Je n'ai rien conservé. Mon visage et mon cou se sont incroyablement définis ; ce sont d'ailleurs ces parties de mon corps que les gens autour de moi ont remarquées d'emblée. Mes cuisses et mes fesses se sont transformées : elles sont devenues fermes et musclées. J'ai perdu un pourcentage important de la cellulite qui s'y trouvait depuis longtemps. Je passais des heures et des heures à me regarder dans le miroir et à prendre des photos de moi, de mon nouveau corps. Je n'arrivais pas à y croire. Il me fallait des preuves.

Noël 2004 fut l'un des plus mémorables de ma vie. Ce fut exactement comme dans mes rêves.

Je n'avais pas vu ma famille, exception faite de ma mère, depuis huit longs mois. À mon arrivée dans la maison familiale, je me tins bien droite pour observer les réactions. Tous gardèrent le silence, épatés de me voir plus mince que je l'avais jamais été. J'étais moi-même étonnée de constater à quel point les gens prenaient du temps avant de se dégourdir, et il fallut attendre un bon moment avant que les conversations reprennent leur cours normal. Plus tard, je me rendis avec des copines dans l'un des bars que j'avais l'habitude de fréquenter, avant. En rentrant, quelle ne fut pas ma surprise de voir que plusieurs membres de ma famille s'y trouvaient, des cousins, des cousines et un oncle. Je me dirigeai vers celui-ci, les bras tendus :

— Oncle Michel !

Ce dernier me dévisagea et me repoussa légèrement. Finalement, il ouvrit grand ses yeux et me reconnut.

— ... Isabel ?

— Oui, c'est moi. Ça va ?

— Isabel !

La bouche grande ouverte, il était incapable de parler. Puis il éclata :

— Ah, mais c'est pas possible ! Qu'est-ce qui t'est arrivé ? Tu as tellement maigri, oh mon doux ! Tu es tellement belle, mais comment tu as fait ça ? Es-tu malade ? Qu'est-ce que...

Il se leva de son tabouret et, avec de grands mouvements de bras, se mit à crier:

— Daniel! Daniel! Viens voir ta cousine Isabel, c'est pas croyable comme elle a changé!

Et mon cousin Daniel de prendre la relève des exclamations:

— Ah ben, j'ai mon voyage! Mais qu'est-ce qui t'est arrivé? Es-tu malade?

Ainsi de suite, pendant toute la soirée. C'était comme à la télévision, carrément magique. J'étais comblée de joie. On me servit un verre, on m'entoura, on me félicita. Ma cousine Rachel, la fille d'oncle Michel, vint à moi. Grande et magnifique, elle me serra fort dans ses bras avant de me confier:

— Quand je t'ai vue de loin, je ne t'ai pas reconnue. Je me suis dit: hé, c'est qui la petite pitoune qui *cruise* mon père?

J'étais la même personne. La même Isabel drôle et sympathique. Mais quelque chose était différent. Mon apparence, bien évidemment. Mais aussi quelque chose à l'intérieur. Je me connaissais bien, je savais mes forces et mes faiblesses, j'étais devenue plus solide, je me sentais capable de tout.

Lorsqu'une connaissance s'arrêtait pour saluer mes parents, par exemple, elle me saluait aussi, mais comme si j'étais une étrangère. Puis mes parents rectifiaient:

— As-tu reconnu notre fille, Isabel?

Et là, tous ouvraient la bouche et se mettaient à me couvrir de compliments et de questions, s'assurant en tout premier lieu que je n'étais pas malade.

Mes amies, quand à elles, réagirent toutes différemment. Certaines hurlèrent, attirant l'attention. Une autre me frappa au bras:

— T'es mieux de maigrir en santé, ou je te frappe à nouveau!

Certaines restèrent bouche bée pendant plusieurs minutes, n'osant pas m'approcher, de peur de se ridiculiser en apprenant que je n'étais pas celle qu'elles croyaient. La plupart me félicitèrent et m'embrassèrent, caressant ma nouvelle toute petite taille tout en riant gentiment de ma poitrine qui s'évaporait. Une autre n'eut aucune réaction. Lorsque je me présentai chez elle, elle détourna le regard de son écran d'ordinateur, me dévisagea de la tête aux pieds, puis retourna à ses affaires.

— Tu as encore maigri, toi.

Ce fut son seul commentaire. Jalousie ou surprise? Je ne savais pas. Mais j'étais blindée. Je ne m'en faisais pas pour si peu.

Ce fut un temps des fêtes absolument magnifique. Je ne l'oublierai jamais. Tout était parfait.

À mon retour en Colombie-Britannique, vers la mi-janvier, j'étais mûre pour du changement. J'avais besoin de m'éloigner de ce quartier et des gens qui s'y trouvaient. Un de mes amis avait poursuivi sa route de son côté, et l'autre était rentré chez lui, au Québec. Moi, j'avais la vie devant moi et j'étais prête à attaquer le changement. Je me suis donc mise à la recherche d'une chambre à louer. Un certain James Matthew, étudiant à l'université et gérant du département de la boucherie de l'épicerie où je travaillais, m'offrit une chambre dans son condo, qu'il partageait déjà avec un ami, Jeff. Ce fut le commencement d'une autre histoire. Une histoire d'amour, cette fois.

16

James Matthew était un beau blond, intelligent et cultivé. Il m'a immédiatement séduite. Nous sommes tombés amoureux dès notre premier repas ensemble, dans un restaurant italien. Vous savez, comme dans les films où les deux protagonistes se noient dans les yeux l'un de l'autre? Eh bien, c'était comme ça. Ç'a été si soudain : trois jours à peine après le début de notre colocation. Très rapidement, nous sommes devenus inséparables. Cet été-là, nous sommes allés faire du camping, de la marche en montagne, des randonnées en bateau. Il m'emmenait partout avec lui, question de me présenter à tous ceux qu'il connaissait.

Matt et moi aimions manger. Ensemble, nous adorions essayer de nouveaux restaurants, des cuisines exotiques. Nous allions jusqu'à Vancouver pour déguster des pâtes épicées de la Mongolie, nous roulions parfois pendant plus d'une heure afin d'aller essayer un nouveau restaurant de mets thaïlandais situé à l'autre bout de la province. À Montréal, où nous allions souvent pour le plaisir de voyager, puis pour mes rencontres professionnelles, auxquelles il m'accompagnait de bonne grâce, nous passions des journées entières à nous balader dans les rues, visitant restaurants, cafés et chocolateries. Nous étions particulièrement fanatiques de la rue Laurier, haut lieu de la gastronomie. Étant lui-même un excellent chef, Matt me cuisinait à l'époque de véritables festins : agneau à la menthe, sauces à spaghetti riches et piquantes, poulet indien au beurre. Après un an de ce régime, j'avais repris du poids : j'avais repassé la barre des 150 livres. Je jure que ç'a été la seule et unique fois.

Sur le pèse-personne, je n'osais pas y croire. Je savais que j'avais un peu engraissé, mais pas tant que ça. J'étais sous le choc.

— Dix-sept livres ! J'ai repris dix-sept livres !

Je me souviens d'avoir eu peur, comme si mon rêve était en train de me glisser entre les doigts. J'avais peur d'avoir perdu le contrôle de ma vie. Prendre du poids n'est jamais aussi grave qu'en reprendre. On se sent revenir en arrière, gâcher quelque chose, annuler un progrès…

Mais le destin me donna d'autres chats à fouetter. À l'été 2005, ma mère est retombée malade. J'ai donc quitté mon emploi à l'épicerie pour aller m'occuper d'elle un peu. C'était difficile pour moi de la voir ainsi, mais aussi de devoir mettre ma vie en *stand-by*. J'aurais voulu avoir la liberté de revenir m'installer définitivement à la maison, mais j'étais amoureuse, et ma mère m'encourageait à vivre ça à fond. Alors je suis restée plusieurs semaines, comme j'ai eu à le faire quelques fois. Nous parlions, surtout, mais nous gardions souvent le silence, aussi. Entre elle et moi, c'était facile, nous nous passions de mots. Un regard, une prière suffisaient parfois.

À peine étais-je retournée dans l'Ouest et avais-je trouvé un boulot dans une boutique de vêtements que je dus renoncer à voir la vie reprendre son cours : peu de temps avant Noël, ma mère eut un ACV et se retrouva en chaise roulante. Maudite maladie ! Je quittai donc mon nouvel emploi encore une fois et retournai passer quelques mois avec elle. Elle se déplaçait la plupart du temps en chaise roulante, mais elle pouvait toujours marcher sur de courtes distances. Seulement, elle avait perdu beaucoup de force dans les jambes. Nous avions envie de nous adonner à notre activité préférée, le magasinage, mais il n'était plus question pour elle d'y aller à pied. Pour dédramatiser la situation, je m'amusais à lui faire un peu peur en courant dans les allées en poussant son fauteuil roulant, ou en lui faisant croire que j'en perdais le contrôle. J'arrivais ainsi à la faire rigoler franchement.

Nous devions l'aider à faire ses besoins et à s'habiller. Elle détestait ça, mais elle se refusait à sombrer dans l'apitoiement. Son visage est devenu très enflé, elle était méconnaissable. Elle qui avait toujours été si magnifique. Il lui était difficile de se maquiller ou de se mettre de la crème sur les jambes. Alors je le faisais pour elle. Cela me brisait le cœur. C'était tellement difficile de ne pas savoir, de continuer d'espérer, de garder la foi. Parfois, elle allait tellement bien que nous allions nous promener ensemble. D'autres fois, elle arrivait à peine à se lever. Les médecins étaient tous très pessimistes, ne lui donnant que quelques mois à vivre. Mais ma mère refusait qu'on lui impose une date pour son décès. Alors elle se relevait et elle continuait sa vie, comme si de rien n'était.

Après les fêtes, en janvier 2006, mon frère David et sa copine des six dernières années, ma grande amie Isabelle, se sont mariés. Ma mère avait tenu à participer à la cérémonie, fâchée de ne pas être sur ses pieds pour une telle occasion, mais quand même heureuse d'être témoin du mariage de son aîné. Ç'a été une réception très simple et très chaleureuse, bien que le bonheur de s'y trouver soit un peu entaché par la menace de la maladie, qui planait au-dessus de nos têtes.

Au printemps suivant, malheureusement, j'ai dû rentrer chez moi, en Colombie-Britannique. Je ne pouvais pas mettre ma vie de côté indéfiniment et, comme l'état de santé de ma mère semblait s'être stabilisé, il me tardait en réalité de reprendre l'exercice, et de retrouver Matt, ce à quoi ma compréhensive maman m'encourageait. Un nouveau colocataire a emménagé avec nous pour remplacer Jeff, qui était déjà parti depuis quelques mois. Elias, un Allemand arménien nerveux, amusant et bruyant, a fait son entrée dans le condo. Parfait *timing*: ayant comme but commun de se remettre en forme, nous avons donc tous les trois pris l'excellente décision de construire un gym au sous-sol. Nous sommes même allés jusqu'à bâtir des cloisons et installer du plancher flottant. C'était relativement petit, mais c'était parfait. Nous nous sommes ensuite procuré des poids, un tapis et un exerciseur, en plus d'un système de musculation à barres de tension. J'ai commencé un programme d'entraînement de trois mois, comme les autres.

Mais je suis la seule qui se soit autant transformée.

Pendant trois mois, cinq jours par semaine, je m'entraînais sur un Bowflex. J'écoutais de la musique hip-hop pour agrémenter ces séances. J'aimais bien ça, c'était différent de la marche en forêt. Je travaillais chaque partie de mon corps, mais principalement mes bras, mes épaules, mon dos et mes abdominaux. À cette époque, ma perte de poids avait commencé à faire ses marques sur mon corps. La cellulite avait presque disparu et, grâce à la marche rapide et au jogging, mes jambes et mes fesses étaient devenues très fermes.

J'avais des inquiétudes quant au surplus de peau qui se trouvait toujours sur mon bas-ventre, mes hanches et mon dos, en revanche. J'étais capable de plier la peau sur elle-même tant il y en avait, ça me faisait comme un mini-tablier et je détestais ça. Je me demandais quel était l'avantage d'avoir maigri si mon corps avait maintenant l'air de celui d'une personne âgée. Ça me mettait très en colère. Alors j'ai demandé conseil à ma docteure.

— Le ventre est l'une des parties les plus difficiles à transformer mais, ironiquement, c'est aussi l'une des plus transformables, m'expliqua-t-elle.

Puis elle me recommanda de poursuivre un entraînement ciblé pendant au moins un an. Ce que j'ai fait. Pendant des mois, j'ai travaillé mes muscles, j'ai modelé mon corps. Durant tout l'été 2006, je me suis entraînée quotidiennement, suivant un régime strict de fruits et de légumes, de lentilles, de salades, de poisson et de tofu (protéines et fibres était le mot d'ordre). Chaque matin, j'allais travailler au centre commercial dans une boutique de chaussures spécialisée. À mon retour, je promenais mon chien, je m'entraînais pendant une heure, puis je préparais le souper. Tout était calculé, j'avais adopté une routine qui était bien huilée et qui ne laissait pas de place à l'errance. J'adorais ça. J'adorais surtout ne pas laisser de prise aux commentaires, aux conseils des autres. Personne ne se mêlait de choisir à ma place.

C'est vers la fin de l'été 2006 que j'ai enfin atteint mon but. Je n'avais pas eu à y travailler pendant un an, comme ma docteure me l'avait prédit.

Vêtue d'un petit lainage brun mince et moulant, je me brossais les dents devant la glace. Je me rappelle m'être arrêtée soudainement et avoir craché le dentifrice, pour me regarder de la tête aux pieds. J'ai posé ma brosse à dents et je me suis reculée. Et ça m'a frappée : j'avais changé. Mon corps s'était transformé et je ne m'en étais même pas aperçue ! J'ai mis mes mains autour de ma minuscule taille et je me suis mise à tourner sur moi-même, regardant mes hanches, mes fesses, mes jambes. Puis, je suis revenue à ma taille, et je l'ai mesurée : vingt-quatre pouces ! Je suis restée comme ça, pendant quelques secondes, la bouche ouverte. Puis je l'ai finalement dit, à voix haute, même si personne n'était là pour m'entendre :

— Je crois que je suis mince, maintenant.

Mon cœur s'est gonflé d'émotion et je me suis mise à pleurer.

17

Quand j'étais petite, j'avais des rêves de légèreté dans lesquels je pouvais voler et courir aussi vite que le vent. C'était merveilleux. J'adorais cette sensation, j'avais l'impression que je pouvais tout accomplir. Ces rêves signifiaient beaucoup pour la petite fille grassouillette que j'étais. Je me souviens d'un en particulier : je courais dans la forêt sur un long sentier qui se déroulait à l'infini devant moi. J'avais le vent dans les cheveux. Plusieurs petites filles couraient en même temps que moi, mais je les dépassais toutes, et je riais de bonheur. Quand je m'étais réveillée après ce rêve-là, je m'étais dit : « Ça doit être comme ça, la minceur. La légèreté, la liberté. Ne pas avoir à s'en faire, se permettre de vivre sans souci. » Je ne savais pas à l'époque que j'avais raison. Je ne savais pas que ces rêves de petite fille de sept ans représentaient le futur.

Ça peut sembler superficiel, mais devenir mince représente tout ce que j'ai toujours désiré. Je connaissais mon bonheur. La santé, une famille aimante, beaucoup d'amis, un amoureux adorable. Mais je savais également qu'il me fallait atteindre mon but avant d'espérer devenir une meilleure moi. Je sais maintenant que je n'aurais pas été capable de traverser la vie dans le corps d'une femme obèse. J'aime beaucoup trop l'évasion, l'aventure, la vigueur. Avant, j'avais peur de vivre. Peur d'essayer, d'explorer de nouveaux horizons. Il m'arrive d'avoir encore peur, bien sûr. Mais maintenant, je me connais. Je sais comment me parler et me stimuler. L'accomplissement fait maintenant partie de mon vocabulaire, et la persévérance m'a donné de bonnes leçons.

Lorsque je me suis rendu compte que j'avais touché ce but, ma vie a atteint un palier de bonheur dont je ne connaissais pas l'existence. Je me suis mise à rire de joie, à glousser de plaisir au moindre moment. J'ai toujours été forte. Je m'accroche obstinément quand je désire quelque chose ; je crois qu'il faut quérir son bonheur et que l'on récolte ce que l'on sème. J'ai travaillé très dur pour parvenir à mes fins. Je me suis privée, je me suis fâchée, j'ai vécu des moments de tristesse infinie. Mais j'avais un rêve. Celui d'être petite et légère, d'être portée, soulevée dans les airs. Je rêvais de force et de souplesse, de rapidité et de finesse. Je voulais être la fille qui est mince et en forme, celle qui n'a peur de rien et qui a confiance en elle. J'aspirais à me présenter en public sans artifices. Je voulais être naturelle. Je n'y arrivais pas quand j'étais obèse, ce qui explique tout le mal que je me donnais à changer de style, à me maquiller si souvent et si abondamment. Je voulais me débarrasser de ces artifices et être finalement moi-même. Je souhaitais la paix dans mon âme.

Pourtant, au début, je revêtais ma minceur comme un costume. Je mis du temps à percevoir cette forme comme une véritable incarnation. Comme je n'étais pas née mince, que je ne l'avais jamais été, j'étais curieuse de l'autre vie. J'enviais la facilité, l'évidence éclatante des filles minces, la bénédiction qui leur était tombée dessus, et que j'avais tant peiné à mériter. J'aurais aimé que ce ne soit pas une obsession. Parce qu'il y a pire dans la vie, je le sais. Mais ma vie à moi, ma toute petite vie à moi, je l'avais vécue jusqu'à présent dans le mauvais corps. Je désirais la facilité. J'étais parfois gênée de m'observer, comme si je regardais le corps de quelqu'un d'autre. Je passais des heures à le faire, pourtant, caressant mon ventre, touchant mes côtes – je suis restée longtemps fascinée par elles ! – ou me penchant à m'en tordre le cou pour essayer de voir la nouvelle largeur de mes fesses. Je passais de longues heures à prendre des poses devant la glace, afin de voir à quoi je ressemblais maintenant. Je simulais des conversations dans le vide, des fous rires, des échanges de compliments ; j'avais besoin de m'étudier.

Grâce à des années d'alimentation saine et d'exercices, grâce à la lente désintoxication de mon corps, cet état de minceur est enfin devenu le mien, et il se manifestait dans tout mon être : ma chevelure est devenue souple et brillante, ma peau uniforme et satinée, mes ongles solides et en santé, mon visage fin et mes pommettes saillantes. Et la métamorphose n'était pas que superficielle.

Je me rappelle cette histoire chrétienne que ma mère me racontait lorsque j'étais enfant : une petite chenille se plaint d'être insatisfaite de son apparence. Pleurant et gémissant, elle explique un jour à son ami son désarroi face à son apparence étrange. Il lui suggère de placer sa confiance en Dieu, l'assure qu'Il va s'occuper d'elle. Quelque temps plus tard, l'infecte chenille devient un magnifique papillon. Son rêve se réalise au-delà de ses aspirations. Je me rappelle que, lorsque ma mère me récitait ce conte, je fermais mes yeux très fort et je souhaitais qu'il m'arrive la même chose...

Longtemps, mon premier réflexe à mon réveil a été de poser la main sur mon ventre, de toucher mes côtes, pour m'assurer que je ne vivais pas en rêve l'histoire de la petite chenille devenue papillon.

Puis je souriais en étirant mes ailes.

18

Parfois, pourtant, j'avais peur de ne pas aimer le monde des minces. Et pendant quelque temps, je l'ai d'ailleurs détesté. Cette obsession de la beauté, cette jalousie mesquine que les filles minces ont les unes pour les autres, ça m'a vraiment déçue. Puis j'ai simplement compris que je n'avais pas à être comme elles, même si je remarque parfois que ça les fâche. Se pavaner, attirer l'attention, ne pas voir plus loin que le bout de son petit nez comme elles – certaines d'entre les filles minces que j'aime appeler «les poules» – le font, je me tiens loin de tout ça. Parce que c'est comme un venin. Je préfère sourire et fermer les yeux sur l'apparence des gens. Prendre soin de son corps n'est que la représentation de la manière dont on traite ce que l'on est au fond, rien de plus.

J'ai décidé de profiter de ma nouvelle condition de façon positive. Le premier petit plaisir que je me suis offert a donc été de me diriger vers les boutiques de vêtements, et je me suis procuré robes d'été, camisoles, jupes courtes. Cette sensation extraordinaire ressentie en pénétrant dans une boutique et en réalisant que tout, mais absolument tout me va me fait encore aujourd'hui trembler de bonheur. Tous ces vêtements, ces couleurs, ces tissus... Tellement de choix ! Je travaillais dans la même boutique de chaussures orthopédiques, mais j'avais obtenu un poste supérieur dans leur succursale située près de l'océan. J'entendais les goélands et je pouvais sentir l'eau salée. J'y travaillais avec ma copine allemande, Melani. Elle s'assurait toujours que je mange suffisamment – mes régimes la rendaient parfois craintive, sinon du moins attentionnée – et elle a été très fière de moi quand j'ai atteint mon but. Ensemble, nous aimions prendre une bière sur son balcon, parler de nos pays d'origine et nous moquer de nos affreux clients...

Je me suis acheté mon premier maillot de bain depuis l'adolescence cet été-là. Un superbe deux pièces turquoise. J'osais le porter, mais seulement avec de longs bermudas blancs. C'était un début. Je découvrais lentement mon corps, je ne brusquais rien. J'apprivoisais avec fascination le trou qui se creusait en dessous du bras et le long de mon bassin, que je continuais de sculpter à raison de cent redressements assis par jour. J'ai été ravie et rassurée de constater que, malgré la minceur, mon corps gardait ses courbes féminines.

Cet été-là a été magique. Matt et moi sommes montés dans les Rocheuses pour faire du camping. J'y ai vu d'inoubliables paysages. Nous avions installé notre tente tout juste à côté d'un large précipice et, en bas, une bruyante rivière agitait son torrent. Nous avons passé des après-midi à nous baigner dans les nappes d'eau calme et chaude à un détour de cette rivière, et à explorer d'étranges forêts d'arbres fins poussant dans du sable blanc. Une soirée, une course folle dans les montagnes nous mena près de très hautes chutes d'eau offrant une vue spectaculaire ; nous nous sommes endormis ce soir-là ivres de bière et de joie, au son de la rivière déchaînée au fond de son lit.

En décembre 2006, j'ai encore une fois dû quitter mon boulot pour me rendre au chevet de ma maman malade. J'ai passé plusieurs semaines en Abitibi à m'occuper d'elle, à discuter et à rire en sa compagnie. Miraculeusement, elle s'est levée de sa chaise roulante et a recommencé à marcher. Quand je vous disais qu'elle était obstinée... Nous sommes allées magasiner, pour une dernière fois. Elle était terriblement fatiguée, et elle semblait si frêle sous son grand manteau bleu. Mon père nous accompagnait. Il avait émis des réserves quant au projet de sortir de la maison, mais comme maman désirait tellement aller faire les achats de Noël avec moi, il avait finalement donné son aval. Elle me prenait la main ou le bras, jouait dans mes cheveux ou replaçait mes vêtements. Elle me touchait sans arrêt, comme si elle avait peur que je disparaisse – ou craignait de disparaître elle-même. Nous avons écouté la télévision, serrées l'une contre l'autre sur le divan, et parlé dans le salon pendant des heures, comme dans le bon vieux temps. Nous avons beaucoup prié, aussi. Ma mère croyait en Dieu avec une ferveur sans cesse renouvelée. Plus que tout. J'ai toujours su qu'elle avait raison. Je n'ai jamais eu de doute.

C'est le 30 janvier 2007 que ma magnifique maman s'est envolée vers les cieux. Elle s'était battue contre un cancer dévorant pendant près de onze ans. Cependant je sais que jamais elle n'a baissé les bras, jamais elle n'a perdu la foi. Elle aimait sa vie. Je sais qu'elle aurait voulu rester parmi nous et nous voir vieillir, qu'elle aurait souhaité accompagner son petit-fils dans ses premiers pas. Mais son plus grand souhait était de voir mon petit frère devenir un adulte. Une de ses sœurs m'avait rapporté cette confidence. Elle refusait de quitter ce monde en laissant derrière elle un fils encore jeune. Elle est décédée quelques mois après qu'il a eu dix-huit ans. Sa prière a donc été exaucée.

Mon cœur s'est brisé quand elle est partie. La petite fille en moi a disparu, je suis devenue différente à la seconde même de son départ. J'ai été en colère, oui, et il m'arrive parfois encore de ressentir de la frustration. Mais je suis assez intelligente pour savoir que ma colère ne peut être dirigée contre personne, parce que la vie est ainsi faite et qu'elle n'est pas éternelle. Les gens meurent ; voilà une chose qui échappe à notre contrôle et à notre volonté. C'est triste, c'est absurde, mais c'est comme ça.

Un jour, j'étais en train de regarder l'émission de télévision américaine *Les Anges de la rénovation*. Une petite fille de sept ans était filmée alors qu'elle racontait en pleurant que sa mère venait de mourir. Cela m'ébranla profondément. C'est à ce moment tout bête que j'ai pu mesurer la chance que j'avais eue d'avoir vécu avec ma mère et d'avoir profité de sa présence durant vingt-trois ans. J'avais eu une mère amusante, énergique, passionnante, qui nous a aimés, mes frères et moi, plus que tout au monde. J'ai eu la chance de voyager avec elle, d'apprendre à la connaître et à la faire rire. J'ai eu la chance de me confier et d'entendre certains de ses secrets du passé. «La petite fille de l'émission, me disais-je, elle n'aura pas cette chance. D'ici quelques années, tout ce dont elle se souviendra sera un parfum, une odeur, peut-être une berceuse. Quelques rires et quelques caresses ici et là. C'est triste et ça me déchire le cœur. Au moins, moi, j'ai eu vingt-trois années pour aimer ma mère et m'en faire aimer.»

J'ai lu quelque part l'histoire d'un homme qui avait connu beaucoup de monde dans sa vie. Devenu vieux, il voyait la plupart d'entre eux mourir l'un après l'autre, et se trouvait de plus en plus seul. Questionné sur ses sentiments face à ce fait, il répondait :

— Je pourrais pleurer et gémir, mais je ne le fais pas. Oh, je suis constamment triste de perdre les âmes que j'aime, mais cela signifie que j'ai eu la chance de toutes les connaître, ces âmes. Toute ma vie, j'ai été entouré de gens merveilleux qui m'ont apporté énormément de joie et de souvenirs, assez pour me combler jusqu'à mon dernier souffle. Je pleure des gens que j'ai aimés et qui m'ont aimé. Je suis l'homme le plus heureux du monde.

Se considérer chanceux de pleurer le départ d'un être aimé... Ça m'a terriblement choquée au début, cette idée me semblait dénuée de sens et de naturel. Mais je suis totalement d'accord avec lui maintenant. J'ai eu une enfance de câlins, de joie et de gâteaux d'anniversaires rose bonbon. J'ai eu une maman. D'autres n'en auront jamais. Chaque fois que je pense à sa mort, j'ai le bonheur de penser à sa vie.

Elle me manque terriblement. Je pense beaucoup à elle. J'ai encore de la difficulté à la regarder en photo, mais je rêve souvent à son sourire et à son rire, et la voir en rêve ne m'est pas pénible du tout. Elle est toujours là, dans mon cœur, dans ma tête. Je sais qu'elle prend soin de moi et qu'elle témoigne en ma faveur auprès du ciel. J'aimerais beaucoup lui parler, ne serait-ce qu'au téléphone, pour lui raconter ma vie et mes petites histoires. J'aimerais qu'on discute lorsque j'ai à faire des choix difficiles, je voudrais connaître ses opinions et recevoir ses conseils. J'aimerais profiter à nouveau de nos conversations sur le fait d'avoir des bébés, de changer de vie... Je m'ennuie de nos projets de voyage et de nos rêves pour le futur. Je m'ennuie de son amitié et de la fascinante personne qu'elle était et que j'apprenais à découvrir. Je m'ennuie de ma maman. Et plus le temps passe, plus je m'en ennuie. Et ce sera ainsi jusqu'à la fin de mes jours.

J'aime croire que je lui ressemble; on me le répète sans arrêt. Je parle comme elle, nous avons les mêmes expressions et les mêmes manies. J'ai hérité de sa crinière d'ébène et de ses doigts fins. Elle était née mince, elle, elle avait eu cette chance. Toute ma vie, elle m'avait encouragée à manger santé et à faire de l'exercice. Elle avait acheté des livres de recettes et nous avions cuisiné ensemble des repas allégés de nombreuses fois. Nous marchions dans la nature et faisions du vélo. Elle croyait en moi, elle était fière de moi. Elle ne désirait que le meilleur, que mon bonheur. Elle était une combattante, une guerrière, une vraie de vraie qui se relève toujours de ses chutes et ne se plaint jamais de ses revers de fortune. Elle a été un exemple d'optimisme et d'obstination. Les gens qui ont connu ma mère ne s'étonnent pas de ma miraculeuse perte de poids, du travail que j'y ai mis et de la patience qu'il m'a fallu. J'ai de qui tenir.

À un de ces jours, ma belle maman.

19

C'était il y a plus de deux ans. J'étais à la course, en retard pour le travail – j'étais maintenant conseillère en mode masculine dans une boutique branchée. J'avais mis mes talons hauts et je peinais à courir dans tous les sens pour retrouver mon trousseau de clés. J'étais à deux doigts d'appeler un taxi quand mon téléphone sonna.

— Tiens, un appel interurbain...

La femme au bout du fil se présenta : une certaine Ashley travaillant pour un certain magazine dont je ne saisis pas le nom sur le coup. Incertaine, je lui demandai de répéter.

— *People Magazine*, prononça-t-elle clairement, New York City.

Je me laissai littéralement tomber sur le divan, oubliant aussitôt mon travail. En entendant «*People*», je sus que c'était gros, que quelque chose était en train d'arriver.

Plusieurs mois plus tôt, avant que ma mère décède, j'avais vu une annonce dans un magazine américain demandant les témoignages et les photos de gens ayant perdu plus de 100 livres. J'avais tout bonnement envoyé des photos de moi, puis complètement oublié cet épisode. C'était toute une surprise d'avoir quelqu'un du *People* au bout du fil.

Pendant des jours, j'ai dû répondre à des centaines de questions au téléphone, racontant mon enfance, mon adolescence, ma perte de poids et ma vie d'aujourd'hui, comme je le fais maintenant dans ce livre. Quatre jours plus tard, néanmoins, ç'a porté fruit.

— Isabel, j'ai le bonheur de t'annoncer que tu as été choisie pour faire partie des six femmes qui seront en vedette dans notre prochain numéro spécial : « Half Their Size ». Tu t'envoles pour New York ce week-end !

J'ai sauté, j'ai crié, j'ai tourné en rond dans l'appartement. Ma chienne est rapidement venue voir ce qui se passait. J'ai mis la chanson *New York, New York* de Frank Sinatra et je me suis mise à danser. J'allais à New York ! Pour une séance de photos pour le *People Magazine* ! Je ne comprenais plus ce qui se passait, j'étais complètement abasourdie par la tournure des événements. J'étais la seule Canadienne à avoir cette opportunité. Je n'en revenais pas.

Un obstacle de taille s'imposa bien vite à ma conscience : je n'avais pas de passeport. Commença alors une course folle contre la montre afin de l'obtenir.

Nous sommes mercredi et je pars samedi matin. Je panique, je suis presque en pleurs, mais mon copain Matt me rassure : on va y arriver. Direction : le bureau des passeports, à quatre heures du matin. Résultat de la nouvelle loi qui oblige les citoyens canadiens à se munir d'un passeport pour se rendre aux États-Unis, la file d'attente chaque matin au bureau des passeports près de chez moi est interminable. Voilà pourquoi nous y sommes allés si tôt, trouvant quand même une quarantaine de personnes à la porte devant nous en arrivant. Couverture, nourriture, musique, on se serait cru faisant la file pour obtenir des places pour un concert rock.

Vers les dix heures, nous sommes finalement à l'intérieur, faisant face à un monsieur visiblement exténué.

— Vous devez faire signer ces documents par un notaire. J'ai aussi besoin d'une photo récente de tel format, en règle.

Pendant des heures et des heures, j'essaie de trouver un notaire ou un membre d'un ordre professionnel me connaissant depuis au moins deux ans, selon ce que la loi demande, pour signer les documents. Peine perdue. Finalement, une notaire accepte de nous recevoir vers les seize heures. Après cette rencontre, nous parcourons le plus vite possible les dizaines de kilomètres nous séparant du bureau des passeports pour arriver juste à temps.

— Hum, je suis désolée, mademoiselle, mais la notaire n'a pas signé les documents adéquatement. Ce sera donc à refaire.

Je bous de rage! Comment ça, elle n'a pas signé les documents adéquatement? Je l'ai pourtant payée, elle devrait connaître son métier! Voyant mon désarroi, l'homme fatigué me donne tout de même un laissez-passer pour le jour suivant:

— Comme ça, vous n'aurez pas à attendre en ligne.

Merci quand même.

Je retourne chez la notaire, le bureau est sur le point de fermer. Elle refuse de signer de nouveau, je dois insister et mon copain intervient en ma faveur. Finalement, elle signe en bonne et due forme. Puis elle nous quitte sans un sourire. Le lendemain, mon copain doit aller travailler, alors je me retrouve très tôt à faire la file… avec les autres personnes possédant un laissez-passer! Moins d'une heure plus tard, je suis finalement devant un commis et on m'octroie l'étiquette « urgence », en échange d'une somme relativement importante. On me promet mon passeport dans les vingt-quatre heures. Je retourne chez moi en bus, sous la pluie battante, priant pour que tout se passe bien et que je reçoive mon passeport comme prévu le lendemain. De retour au bureau fédéral après à peine quelques heures, incroyablement nerveuse, j'attends qu'on me rassure. On cherche mon passeport, personne ne le trouve. On doit aller fouiller dans d'autres boîtes. Finalement, une dame s'écrie :

— Je l'ai !

À ce moment, je vous jure, j'ai su ce qu'était la légèreté pour vrai ! J'ai pris mon passeport et j'ai offert le plus beau sourire du monde à la dame : je partais pour New York grâce à elle, elle le méritait !

Dans l'avion, j'ai fermé les yeux, savourant ma chance, respirant mon bonheur. J'étais surprise et ravie, complètement excitée. On nous avait dit que nous allions participer à une séance de photos en costume de bain. J'étais terrifiée. Mais en même temps, je commençais à faire confiance à mon destin.

Je suis assise dans une limousine noire, et la grandiose New York se déploie devant mes yeux émerveillés. Je ne veux manquer aucun détail, aucune image, aucun visage. J'ai toujours voulu voir New York. J'ai peur – je suis littéralement tétanisée –, mais en même temps j'ai très hâte de descendre de la voiture. Car bien que la limousine soit immense, je tiens mes genoux serrés l'un contre l'autre, je n'ose pas bouger. Le chauffeur, après m'avoir poliment demandé ma préférence entre la radio, une discussion ou le silence, tente inlassablement de syntoniser une trame sonore adéquate. Il porte finalement son choix sur une station diffusant Under Pressure *de Queen et David Bowie. Un choix judicieux.*

Car au moment où j'entends les premières notes de la chanson, mon cœur se serre, mon esprit cesse de tourbillonner, et la musique prend tout le temps de dessiner

dans ma mémoire le contour des gratte-ciel, un tracé que je n'ai jamais oublié depuis.
Je suis à New York!

J'ai vu leur visage en pénétrant dans la limousine le lendemain matin. Ces cinq autres femmes sont comme moi. Elles ont vécu ce que j'ai vécu, différemment bien sûr, mais tout de même, nous sommes liées. C'est une magnifique blonde, grande et sculpturale, ainsi qu'une belle Noire musclée, assises à mes côtés, que j'ai remarquées en premier. Karen, la directrice photo, nous accompagna dans le studio. Elle nous présenta les unes aux autres et nous posa des questions sur nos cheminements respectifs, afin de briser la glace. Nous étions toutes un peu nerveuses de nous retrouver là.

La séance photo avait lieu dans un immeuble anonyme de Manhattan, comme il arrive souvent, question de ne pas attirer l'attention. Nous marchions à la queue leu leu derrière Karen. Nous arrivâmes finalement face à d'immenses portes, qu'elle ouvrit d'un grand geste que j'aime à qualifier de théâtral. Le studio de photographie qui se trouvait derrière ces portes était tout simplement incroyable, au-delà de toute espérance. Une immense rampe de plâtre blanc recouvrait du sol jusqu'au plafond une partie du studio, comme celles qu'utilisent les amateurs de planche à roulette. Une équipe de tournage pour la télévision s'y trouvait, en plus du photographe et de ses assistants. Dans le fond à droite, des centaines de maillots de bain bleus et noirs pendaient des cintres et une équipe de stylistes les préparait. À ma gauche trônait un buffet regorgeant de fruits, de croissants, de pains et de pâtisseries – ce qui attira des moqueries amicales au chef, compte tenu des circonstances. Plusieurs sofas longeaient le mur, des magazines jonchaient toutes les tables. Puis, au fond à gauche, une équipe de maquilleurs et de coiffeurs nous dévisageaient, jugeant nos visages et nos cheveux, prenant plaisir à décider ce qu'ils allaient faire de nous. J'étais impressionnée, je n'osais plus parler. C'était irréel.

On nous invita à manger, puis on passa à la coiffure et au maquillage. Une ravissante Australienne me maquilla tout en m'adressant des paroles rassurantes, tandis qu'un des coiffeurs du créateur de mode Valentino faisait des commentaires appréciatifs sur la longueur de mes cils.

— J'ai rarement vu ça. Tu es chanceuse.

On me coiffa, me poudra. L'équipe de télévision se promenait entre nous, nous posant des questions, nous faisant rire. Ils étaient jeunes et rigolos. Très rapidement vint le temps de l'essayage des maillots. La crainte revenait me hanter. J'étais assise sur l'un des sofas, je ne bougeais pas. Les gens de *People* disaient qu'ils appréciaient ma patience et mon calme. Mais je suis comme ça, moi, quand je suis morte de peur. Je deviens très calme. Tout simplement parce que je sais que si je m'énerve, je vais avoir des nausées! Et ça, ça ne me tentait pas vraiment, disons. Les filles sortaient une à une de derrière le rideau, en bikini, montrant de superbes corps musclés et définis. Plus mon tour approchait, plus j'étais terrorisée. Je me disais que tous allaient rire de moi et se féliciter de ne pas me ressembler (les vieux complexes prennent des années à quitter notre esprit, je vous jure). Mais je voulais tellement le faire. Je voulais affronter une autre peur, celle de me montrer devant tout le monde telle que j'étais.

Mon tour arriva. La styliste me posa des questions sur ma morphologie et sur mes goûts. Le concept voulant que nous ayons toutes des maillots différents, il aurait peut-être fallu changer quelques morceaux sur les autres filles afin de s'adapter à mes choix et à ma morphologie. Derrière le rideau avec moi, la styliste me demanda de me déshabiller.

— Toute nue?

— Oui. Enfin, je te donne un petit string couleur peau pour l'hygiène, mais c'est tout.

Tant qu'à affronter ses peurs, quoi de mieux que de se retrouver complètement nue avec une étrangère! Pendant que je me changeais, je lui demandai, comme pour me donner une contenance:

— Ça fait longtemps que tu exerces ce métier?

— Vingt-six ans!

«OK, ça va alors. Elle a vu un nombre incalculable de gens tout nus dans sa vie. Je ne crois pas la choquer, ça va aller.» L'essayage dura une bonne demi-heure. Nous devions sortir de la cabine chaque fois afin de nous faire photographier. Par la suite, l'équipe de photographes regardait les résultats sur l'écran d'ordinateur, afin d'aider à choisir les maillots qui nous avantageaient le plus. Je détestais parader ainsi à maintes reprises. Mais je me rentrais le ventre, je respirais un bon coup, et j'y allais. Les autres filles me complimentaient et m'encourageaient, sentant mon malaise, qui était plus évident que le leur. Finalement, j'avais mes maillots, nous étions prêtes. Nous paradions chacune notre tour, portant notre maillot bleu. Un des gars de l'équipe de télévision à ma vue lança:

— Wow, quel pétard!

Le photographe le réprimanda du regard. Il m'adressa un sourire désolé et baissa les yeux. Mais moi, je m'en fichais. J'avais juste retenu ce détail: il existait au monde quelqu'un – autre que mon petit ami – qui me trouvait belle en maillot. J'étais réellement surprise, comme si on m'avait donné un coup derrière la tête. Un coup qui m'a fait du bien, par contre. J'en avais besoin.

La séance de photos fut amusante. C'était comme à la télévision, avec l'immense caméra, les flashes, la musique, les maquilleuses qui profitent d'une pause pour retoucher notre fond de teint. Nous avons ensuite enfilé notre maillot noir pour la photo de groupe, qui fut prise dans la bonne humeur et le rire. Quand ç'a été terminé, on nous a servi du champagne. Puis, après avoir échangé nos adresses courriel, nous sommes parties. Dehors, des limousines pour chacune nous attendaient. Mais comme le chauffeur de la voiture de Monica avait eu un contretemps, on me demanda si ça me dérangeait de partager la mienne avec elle.

— Bien sûr que non!

On nous a fait visiter Manhattan, Monica et moi avons parlé de son Texas et de mon Canada natals. Puis, on s'est dit au revoir.

Nous ne nous sommes jamais revues, mais nous gardons presque toutes contact par internet.

Je me souviens qu'à mon retour de la séance photo, je me suis contemplée dans l'immense miroir près du lit de ma chambre d'hôtel. J'ai souri, puis gloussé de plaisir. Je venais de vivre une expérience qui allait changer ma vie. Je le savais, je le sentais. C'était déjà commencé. Je venais d'affronter la pire de mes craintes. Je m'étais mise à nu devant une bonne vingtaine d'étrangers. Moi, Isabel Curadeau, l'ancienne obèse, je venais de m'adonner à une séance de photos en bikini pour l'un des magazines les plus vendus en Amérique. Moi, la fille qui, il n'y avait pas si longtemps, se déshabillait dans le noir pour éviter de se voir dans la glace. La fille qui ne s'est jamais changée devant des gens, ni au gym, ni à l'école, ni à la piscine.

Cette fille-là, aujourd'hui, venait de poser en bikini devant des photographes new-yorkais.

J'ai pris des photos de moi assise sur le bord de la fenêtre. Le silence régnait dans la magnifique chambre d'hôtel. J'en avais besoin pour ne pas troubler la quiétude de mon esprit, la joie que je ressentais dans mon cœur. Je respirais profondément, observant les gratte-ciel de

New York, repensant à ce que je venais de vivre. J'étais absolument heureuse. Je me regardais dans la glace et je me trouvais belle. Dieu m'avait fait un cadeau incroyable, celui d'une deuxième chance. Un autre corps, une nouvelle apparence.

Plus tard, j'ai dégusté dans un restaurant thaï des mets tellement délicieux que je salive encore juste à y repenser. Je me suis baladée dans Manhattan, puis je suis simplement retournée à l'hôtel, afin de boucler mes valises et de sauter dans la limousine qui me conduirait à l'aéroport. J'étais en transe mais, étrangement, j'étais d'un calme absolu. Je crois avoir grandi un tout petit peu durant ce voyage d'une nuit. Je me suis enrichie d'une joie de vivre, d'une confiance un peu plus solide. J'ai compris que ce n'était rien, mes complexes, mes défauts, mes petites peines. La perfection n'est pas de ce monde. Et si l'on croit l'apercevoir parfois sur le corps de certaines femmes, eh bien je dis tant mieux pour elles. Elles auront une vie différente de la mienne, c'est tout, et à la fin je ne crois pas que nos bonheurs respectifs seront si différents que ça. Après tout, il paraît qu'on est tous un peu pareils, dans le fond. On aime, on rit, on pleure.

En voyant New York défiler à nouveau par les vitres de la limousine, je me fais une promesse : je serai de retour. New York et moi, nous nous reverrons. Et quand je décide quelque chose, j'y parviens.

20

Peu de temps après mon retour au Canada, l'équipe de TVA me téléphone : Pierre Bruneau veut faire une entrevue avec moi.

Dans les studios de CBC à Vancouver, je traverse plusieurs portes vitrées, escortée par un gardien de sécurité. Nous passons devant des studios de télévision, où des dizaines de personnes travaillent devant des écrans lumineux. Nous nous rendons jusqu'au fond d'un interminable couloir, derrière un petit rideau. Le gardien me laisse entre les mains d'un technicien, qui lui me fait signe de m'asseoir sur une chaise. Je m'exécute. Devant moi se trouve un petit moniteur, éteint, et une caméra. Le technicien me met un écouteur dans l'oreille et j'y entends trois voix : deux en français, une en anglais, en plus de celle de Pierre Bruneau animant le téléjournal, en arrière-plan. Personne ne m'a dit quoi faire, ces voix m'étourdissent, je suis un peu déstabilisée. Puis on commence à me parler :

— Isabel ? M'entends-tu ?

— Heu... oui ?

— OK, merci.

— *Isabel, you're going to be live in two minutes.*

— Oh!... All right, thanks.
— Isabel, enlève ta mèche de cheveux de devant ton visage... Oui, c'est ça.
— Oh, Isabel, could you please...
Je suis complètement pétrifiée. Je ne vois rien, je ne fais qu'entendre des voix! Et le technicien en face de moi qui ne m'adresse jamais la parole, il lui prend l'envie de se lever d'un coup, parce qu'il a oublié quelque chose, et il me laisse seule dans le studio, quelques secondes seulement avant d'être en ondes!

Finalement, une voix m'avertit:
— Cinq secondes, Isabel.

Mon cœur se serre dans ma poitrine et je sens des frissons traverser mon corps.
— Bonsoir, Isabel.
— Bonsoir, monsieur Bruneau...

Immédiatement après cette expérience, qui finalement s'est très bien déroulée, tout s'est enchaîné. Mon téléphone n'arrêtait pas de sonner, et ce, dès cinq ou six heures du matin. J'ai commencé à dormir avec mon cellulaire pour être en mesure de répondre avant que mon copain se réveille! Après que je suis passée à l'émission américaine *Entertainment Tonight,* on m'a offert la chance de retourner au États-Unis afin d'être de l'émission matinale *Good Morning America.* Mais la confirmation du vol n'est jamais venue. Plus tard, on m'a informée que le fait que je sois canadienne, et non américaine, avait nui à ma cause.

Je faisais des tonnes d'entrevues sans arrêt, dont une s'est passée en direct à la radio en pleine heure de pointe dans un taxi bruyant m'emmenant au travail. Je faisais des gros yeux au chauffeur pour qu'il arrête de siffloter:
— I am LIVE! LIVE!

J'en fis une autre pour une émission de télévision pendant que je travaillais. J'avais demandé à ma patronne la permission de prendre une pause à l'extérieur le temps de faire l'entrevue. J'ai donc couru comme une folle sur mes petits talons hauts vers un coin isolé du parking des employés. Littéralement recroquevillée près des voitures, sous un soleil de plomb, bouchant mon oreille d'une main et tenant le micro de l'autre, j'ai donné ainsi l'entrevue, rigolant de ma situation.

Une autre a eu lieu pendant la signature d'un important contrat, celui scellant l'achat de mon premier condo, sous le regard désapprobateur des autres signataires. On m'a ensuite offert de faire la page couverture du *Samedi Magazine*, à Montréal, toutes dépenses payées. Ça, c'était un vrai bonheur. L'équipe était fantastique, l'hôtel superbe. Puis on m'a demandé de faire la une du *Journal de Montréal* à deux reprises! Je travaillais sans arrêt, donnant des entrevues par-ci, me faisant photographier par-là. C'était complètement fou, je croyais rêver. Il y a même eu une offre d'une téléréalité parisienne, mais le projet ne m'intéressait pas tellement: trop impudique pour moi! Des projets de livres, d'autobiographie ont commencé à s'élaborer. Puis l'équipe de TVA m'a contactée. Une équipe puissante et grandissante venant du Québec, ça, ça me convenait. J'ai commencé à écrire des chroniques pour *Le Lundi*.

Comme c'était le tourbillon dans ma vie professionnelle, j'avais besoin de décompresser. Je me suis donc mise à un nouveau sport cet été-là: la course en montagne. Ma chienne ayant besoin de perdre quelques livres, je l'emmenais avec moi, et pendant près de deux mois, trois à cinq fois par semaine, nous allions courir le plus rapidement possible sur une distance de 4,5 kilomètres dans les montagnes. C'était très intense, et je sentis presque instantanément les effets bénéfiques sur mon organisme. Je n'avais pas l'intention de maigrir. Je voulais juste m'entraîner, mon corps me le demandait. C'était vital.

Je mangeais parfaitement bien. Beaucoup de protéines et de légumes verts, en plus de suppléments de repas lorsque ma nouvelle vie professionnelle ne me laissait pas le temps de cuisiner à mon aise. J'étais incroyablement en forme. Mon corps se transformait à nouveau, d'une autre façon. Je devenais athlétique. La peau de mon ventre s'est raffermie sous l'effet combiné de la course et des redressements assis quotidiens, que je faisais toujours depuis plus d'un an, comme me l'avait conseillé ma docteure. La peau pendante a complètement disparu, je le jure! (Plusieurs personnes sont convaincues que j'ai eu recours à la chirurgie pour obtenir ce résultat miraculeux, mais c'est complètement faux.) Mon ventre est devenu plat comme une planche à repasser, c'en était impressionnant. Ma poitrine et mes fesses sont remontées à leur place, mes cuisses et mes bras sont devenus comme du roc. Ma stature en général, mon corps, ressemblait dorénavant à une petite machine. J'étais solide. Minuscule, mais solide. On me disait que j'avais l'apparence d'une ancienne gymnaste. En cours de route, même si ça n'était pas dans les plans, j'ai perdu onze autres livres. Je portais la taille 0, parfois même 00. J'étais maigrichonne, oui, mais terriblement en forme. Les entraîneurs et les médecins qui me suivaient le confirmaient.

Être aussi petite m'a fascinée. J'étais une femme, mais j'avais le corps d'une jeune fille – un peu l'inverse de mon enfance. La force, la forme, l'agilité, la souplesse. Tous ces mots qui m'étaient auparavant inconnus me décrivaient désormais. Bouger me rendait ivre de joie. À celles qui rêvent de changer et qui ont peur d'en être incapables, je dis que bouger, c'est de l'énergie pure qu'on s'offre, comme une drogue. C'est vital, ça bout dans les veines. Et plus on en fait, plus on aime ça, et plus ça devient facile.

Bon, il faut bien dire qu'en revanche, lorsque j'ai adopté cette taille minuscule, on ne me trouvait plus aussi jolie que lorsque j'avais des courbes affirmées. C'est dommage, mais je comprends. Et puis je ne vivais plus pour ça: j'étais contente de mes progrès personnels, je n'avais plus besoin du regard des autres pour me valoriser. Mes copines me trouvaient trop mince, même si elles me voyaient manger tous les midis au travail. Souvent, elles achetaient des bonbons et me forçaient presque à en manger. Depuis toujours, on me surveille. On ne me fait pas confiance. Mais moi, j'ai confiance en moi. Je prends soin de moi. À l'époque, j'appréciais ma minceur extrême parce qu'elle était le contraire de ce que j'avais été, tout simplement. Je ne me trouvais pas si belle que ça non plus, mais ça m'était égal. C'était comme une expérience dont le cobaye était mon corps, et je voyais avec fascination les résultats s'y inscrire.

J'ai déménagé à Montréal en septembre 2007, réalisant un autre rêve d'enfance, même si je devais apprendre à vivre loin de mon amoureux resté en Colombie-Britannique. J'ai emménagé dans un loft sur le Plateau-Mont-Royal avec un chroniqueur musical encore plus amoureux des mots que moi. Il m'a fait découvrir le monde du show-business québécois, les soirées VIP, les spectacles, les lancements de disques et de livres. J'étais aux anges. Des artistes connus frappaient régulièrement à la porte du loft et me surprenaient en train de me brosser les dents ou de parler au téléphone. Nous avions régulièrement des soirées de poker avec des humoristes québécois et français, et des nuits de jeux de société avec des rappeurs et des agents de promotion. J'étais submergée par le monde des arts, de la musique et du spectacle, moi qui en avais tant rêvé. Ce n'était pas Broadway, c'était encore mieux: c'était la réalité!

Mon poids est descendu à 104 livres pendant mes deux premières semaines à Montréal. J'étais effrayée, nerveuse, et je ne mangeais probablement pas suffisamment. J'étais vraiment devenue très mince. Trop mince.

Quand j'ai vu le poids sur le pèse-personne, je me suis dit :
« OK, je pèse moins qu'une enfant. Je vais aller manger
des pâtes crémeuses, je pense. » J'ai rapidement repris le
poids perdu pour me maintenir à 112 livres pendant plusieurs mois.

Mes contrats pour les magazines se multipliaient,
comme les entrevues que je donnais aux journaux et à la
télévision. Je suis passée en direct à l'émission de Denis
Lévesque, sur LCN, une expérience qui m'a enchantée.
Puis se sont succédé d'autres émissions de télévision,
francophones et anglophones. *Entertainment Tonight
Canada* est même venue me rendre visite chez moi, dans
le loft, afin de m'interviewer. On m'a offert les services
d'une limousine, j'ai eu des sessions de photos régulières
avec des photographes merveilleux. Les gens commençaient à me reconnaître dans la rue et dans les pubs. La
plupart me félicitaient, d'autres se contentaient de m'observer intensément. Ç'a été une période très glamour de
ma vie. Tout était nouveau. J'avais envie de connaître la
ville et ses gens, d'en faire partie. Je suis tombée en amour
avec Montréal, je le suis toujours et je sais que c'est pour
la vie.

Je suis retournée à Vancouver pour les fêtes, puis je
suis repartie pour Montréal, puis Vancouver à nouveau,
et l'Abitibi entre tout ça, que je visitais à l'occasion. J'étais
exténuée. Je n'ai pas aimé l'expérience de vivre dans mes
valises. Mais j'avais des occasions en or à ne pas rater,
donc je l'ai fait, pour un temps. Et puis Matt et moi avons
tenté de faire survivre notre relation à la distance qui
nous séparait désormais. Il fallait bien que nous nous
voyions de temps en temps !

À Montréal, dans ce tourbillon d'activités et de rencontres, j'ai eu la sensation de renaître. Je suis la même
personne, mais tout en rapetissant, j'ai tellement grandi
durant cette période de ma vie que j'ai l'impression
d'avoir changé du tout au tout, de l'extérieur comme de

l'intérieur. Ça ne me fait pas peur. Au contraire, ça me plaît. Toutes ces épreuves et ces expériences m'ont enseigné le respect du silence, de l'écoute et de la patience. Mes silences sont aujourd'hui des moments d'analyse et de recul, plus des cachotteries ou des désirs enfouis de hurler. La patience est un fruit de l'esprit, l'écoute un enseignant de la vie et le silence, un état de contrôle et d'étude. Je suis devenue débrouillarde et imaginative, tranquille et persévérante. J'aspire maintenant à la sagesse et à la connaissance. J'ai vu les bienfaits que cela a apportés à mon âme, et j'ai l'intention de continuer à apprendre et à expérimenter.

J'écoutais une émission matinale québécoise que j'aime énormément il y a quelque temps, et l'une des animatrices, dans la soixantaine, a lancé :

— Toute ma vie, j'ai attendu que la sagesse vienne ; je croyais qu'en vieillissant je deviendrais plus songée et plus mature. Ce n'est pas du tout le cas ! Je suis comme avant, la même jeune femme un peu folle et immature !

À une certaine époque de ma vie, j'aurais envié ses propos. La naïveté, la folie, la jeunesse éternelle ! Quelle belle sensation !

Mais plus maintenant. Je veux vieillir, je veux grandir et je veux continuer d'apprendre. Je veux m'instruire, sur les gens, sur la société. Je veux connaître la sagesse, car je sais qu'elle aide à passer au travers des aléas de la vie. Je veux vivre des expériences, parce que c'est l'aventure de l'existence qui me construit.

21

Il ne reste aujourd'hui presque plus rien du passé dans mon apparence. Tout a changé, jusqu'à mes yeux, qui brillent davantage et s'ouvrent plus aisément sur le monde. On me demande souvent si la minceur apporte le bonheur. Moi, je dis que la minceur apporte du bonheur, si elle vient avec la forme physique, le dépassement de soi et le bien-être. Beaucoup de petites joies imprévues ou non, espérées la plupart du temps et qui étonnent encore souvent. Si la minceur vient avec la liberté de mouvement, le plaisir et les aspirations, elle apporte du bonheur, oui. Celui de courir, tout simplement, par exemple. La sensation du vent dans les cheveux, le corps en mouvement, en travail, la force, l'énergie. Courir est impossible lorsqu'on est obèse.

On a plus froid, par contre, lorsqu'on est mince.

Mais monter les escaliers allègrement. Se mettre du vernis à ongles sur les orteils. Se donner un élan, sauter puis atterrir sur le lit, sur le dos. Marcher en mini-talons aiguilles. Prendre les escaliers au lieu de l'ascenseur qui n'arrive jamais, et sans transpirer. Se raser les jambes sans difficultés. Porter des sous-vêtements sexy. Laver le bain sans avoir mal au dos. Pouvoir voir ses orteils quand on est debout. Planer sur le plancher de bois franc en bas de laine sans tomber. Attacher ses lacets sans perdre le souffle. Avoir des épaules. Marcher avec sa grand-mère sans perdre le souffle avant elle. Porter une robe soleil. Se balancer dans un parc sans entendre les chaînes crisser de terreur. Jouer avec des enfants sans être fatiguée.

Ça aussi, c'est du bonheur.

Mais s'asseoir en public et de ne pas craindre les regards. Ne pas se cacher dans un pull, ses bras ou les coussins du divan. Juste ne pas penser à ça. Être à l'aise, être bien dans sa peau. Laisser son esprit vagabonder ailleurs que dans l'obsession de son apparence, l'obsession de sa graisse et de sa différence. Être libérée.

Ça, c'est du gros bonheur.

Mais le bonheur, le véritable bonheur, ce n'est pas exactement ça. Le vrai bonheur, selon moi, ce sont les gens qu'on aime. Le vrai bonheur, c'est de se connaître soi-même et de s'aimer. Le vrai bonheur, c'est de trouver quelqu'un qui nous aime et qui promet de le faire pour l'éternité.

Je pense beaucoup à ce que je mange, bien sûr. Je ne calcule pas les calories, mais je sais exactement ce que j'ai mangé dans une journée. Je vise la variété, la couleur, les saveurs. Je mange des fruits et des légumes tous les jours, et j'adore ça, maintenant. Je mange toujours frais, j'abhorre le surgelé et le transformé. Je me permets des gâteries, parce que ça fait du bien, parfois. Et parce qu'il ne faut pas devenir fou, tout de même ! Mais l'époque du saucisson de bologne et du Cheez Whiz est derrière moi.

Je suis maniaque du fromage, du pain et des céréales, des pâtes de blé et des noix. J'adore les salades croustillantes et les potages maison. Je bois un verre de vin rouge par semaine. Je consomme lait et eau en quantité industrielle. Je déteste la margarine et je ne jure que par le beurre. J'adore le chocolat belge. Je crois en le naturel et le végétal. Je mange de tout, mais en petite quantité. Lorsqu'on connaît son corps et les aliments qu'on ingère, la culpabilité se change en plaisir, les régimes en festins, et j'ai l'intention d'en profiter.

Je reste active. Je marche énormément, tous les jours. Je fais un jogging d'une vingtaine de minutes très tôt le matin, trois à quatre fois par semaine. À la même fréquence, je fais une petite heure d'étirements, de Pilates et de musculation. Je fais beaucoup de redressements assis. Je joue à la balle avec ma chienne. Je danse dans mon salon. Je m'entraîne au gym à l'occasion, mais j'aime encore mieux aller pour une course dans les montagnes et dans la forêt. Je me suis récemment mise au golf. J'adore ça! C'est un combat de l'homme contre la distance, le vent, la vélocité, la nature. Je pense santé et je fais attention à moi. Ce n'est rien de compliqué. Je ne suis pas tentée de me lancer à plein visage dans un sac de chips. Et même si je le faisais, ça ne changerait rien dans ma vie. Ce n'est pas tomber qui compte, mais bien se relever.

Mon corps est ma fierté. Pas parce qu'il est beau, mais parce que j'ai réussi à le changer, sans scalpel ni seringue. Je ne suis pas contre la chirurgie esthétique, mais je sais que ce n'est pas pour moi. J'ai toujours cru que l'acharnement et la discipline seraient plus payants que la facilité de se rendre à l'hôpital du coin pour se faire charcuter. J'aime mon corps parce qu'il est fort et qu'il me soutient. Parce qu'il m'appartient. Il s'agit de ma peau, de mes traits, de mes grains de beauté... J'ai dû apprendre à le connaître et à l'aimer, et ce, à travers tous les changements que je lui ai fait endurer. Oui, je suis fière de mon corps. Mais pas pour les mêmes raisons que les jeunes femmes typiques de mon âge. Je suis contente que mon corps m'ait suivi. C'est moi que vous voyez, maintenant.

Tout le monde devrait se prendre en main. Tous les outils sont à notre portée ; il s'agit de livres, de sentiers en plein air, d'aliments sains. Ne passez pas à côté d'une vie de liberté. Ne passez pas à côté de la santé.

Aujourd'hui, je rêve de rencontrer des gens qui ont perdu autant de poids que moi. Quelqu'un de mon âge qui aurait traversé les mêmes étapes. J'aimerais échanger sur cette réalité avec des gens qui me comprennent. Parce que je ne fais plus partie du monde des « grosses », mais que je me refuse aussi à faire partie du monde des « minces » (du moins un certain monde superficiel qui ne me convient pas), je me sens parfois bien seule. C'est parfois difficile d'expliquer mon parcours, et j'imagine que c'est difficile pour certains de comprendre. Ce livre essaie de faire le point sur tout ça, mais certains pourront être déconcertés par certaines contradictions auxquelles on n'échappe pas dans ce genre d'entreprise. Les médias nous ont trop habitués à une certaine conception de la beauté, mais la réalité est tellement plus complexe... Je ne m'en plains pas, car je suis heureuse, au bout du compte.

22

De retour à la maison, je me demande quel sera mon prochain défi, et j'ai hâte de le trouver. Parce que je ne vis plus que de ça, maintenant que j'ai confiance en moi et que je sais de quoi je suis capable. J'ai une intarissable soif et je m'abreuve à la vie, en toute occasion. Petite, je rêvais de minceur et de légèreté. Je rêvais de voir mon visage dans les magazines. Je voulais me voir à la télévision, afin d'en rire, bien honnêtement. Je voulais rencontrer photographes et maquilleurs, déambuler sur des scènes et offrir mon plus beau sourire au public. Je désirais partir et explorer de nouveaux horizons. Je voulais connaître des gens d'ailleurs et apprendre leur langue. J'espérais découvrir leur histoire et leur culture, désireuse de graver dans ma mémoire images, mots, récits de façon indélébile.

J'ai réalisé tous ces rêves, et je n'ai pas l'intention de m'arrêter.

De retour à la maison, je suis fébrile de sentir la nature qui se réveille. Plein de gens, d'endroits et de moments magiques m'attendent, mais j'ai envie maintenant de me replonger dans mon chez-moi, mes habitudes, ma culture. Une manière de revenir en arrière, peut-être, et de remettre les compteurs à zéro. Lorsque j'avais quatre ans, le docteur avait prédit à ma mère que je ne serais jamais mince. Il m'avait du même coup, sans le vouloir bien sûr, prédit une vie faite de fatigue, de problèmes et de résignation. De retour en Abitibi aujourd'hui, j'ai prouvé le contraire. À qui? Pas à lui, ni à personne d'autre. Je l'ai juste prouvé, tout simplement, à moi-même. Et c'est tout ce qui compte. Les célébrités perdent leurs admirateurs une fois le rideau tombé et les *spots* éteints. La richesse s'envole et la beauté se fane. Mais l'accomplissement reste pour toujours.

Il y a quelque temps, j'étais au gym, entourée d'amis, des gens très forts et musclés pour qui la réalité avait toujours rimé avec activité physique. L'un d'entre eux, pour me taquiner, me menaça gentiment de me soulever de terre et de me faire tournoyer au-dessus de sa tête. D'un ton las, j'ai répliqué qu'il en serait incapable. Tous ont éclaté de rire, mesurant la disproportion entre ma minuscule taille et le tas de muscles qui tendait ses bras vers moi. Pour me faire comprendre l'absurde de ma réaction, il m'a prise en effet quelques secondes et me souleva sans peine. Je me rendais compte, à deux mètres au-dessus du sol, que l'Isabel qui avait dit non était l'ancienne Isabel, celle qui avait peur, celle qui n'avait pas confiance.

De retour chez moi, je constate que cette Isabel appartient bel et bien au passé.

La dernière fois qu'un ami se pencha vers moi pour me lever sur ses épaules comme une poche de patates, je n'eus pas ce mouvement de recul: «Laisse-toi faire, Isabel, vis ta vie!» me dis-je plutôt. Mon ami me fit basculer sur son épaule, sans un grognement, et marcha autour de sa maison. Je rigolais comme une gamine, cette enfant que je n'avais pas eu la chance d'être avant. Je me sentais légère et vivante. Et je tendis les bras sur les côtés, comme le papillon qui prend son envol.

Cet ouvrage a été composé en Kepler Std 12/13,8
et achevé d'imprimer en août 2009 sur
les presses de Imprimerie Lebonfon Inc. à Val-d'Or, Canada.

Imprimé sur du papier 100 % postconsommation,
traité sans chlore, accrédité Éco-Logo et fait à partir de biogaz.

certifié   procédé   100 % post-   archives   énergie
             sans   consommation   permanentes biogaz
             chlore